会社員の仕事 見る 知るシリーズ

売る仕事の一日

保育社
HOIKUSHA

はじめに

会社員の「売る仕事」って、どんな仕事？

会社員のなかでも特に多いのが、営業職や販売職《はんばいしょく》などの「売る仕事」

私たちの生活は、さまざまな物やサービスによって成り立っています。毎日口にする食品や飲み物、日常生活に使う洗剤《せんざい》や歯ブラシ、家にあるテレビや冷蔵庫、学校で使う教科書や文房具《ぶんぼうぐ》、休日に楽しむ映画や外食、スマホのアプリやインターネットサービスなど、例を挙げればきりがありません。これらの物やサービスを生み出し、私たちに提供しているのは、会社（企業《きぎょう》）です。

身の回りの多くのものは、会社がつくり、売っています。そして、私たちはそれらをお金で買って暮らしています。会社は、よりよい物やサービスを提供することで、利益を上げるとともに、私たちの暮らしを豊かにしているのです。

会社の一員として働く人のことを「会社員」といいます。ひと口に会社員といっても、その仕事内容はさまざまです。なかでも、自社の商品やサービスを「売る仕事」に就《つ》く人が、最も多くの割合をしめているといわれています。

どんなによい商品をつくっても、売らなければ利益は出せない！

会社が販売《はんばい》する物やサービスをまとめて「商品」と呼びます。会社の目的は、商品を売って利益を上げること。人の役に立つよい商品をつくることはもちろん大切ですが、利益を上げるには、商品を売ることが必要です。だからこそ、営業職や販売職《はんばいしょく》など「売る仕事」にたずさわる会社員が数多く存在するのです。

営業職は、個人のお客さまや取引先の会社などに、自社の商品の魅力《みりょく》を伝えたり、活用の仕方を提案したりして、購入《こうにゅう》や契約《けいやく》につなげます。販売職《はんばいしょく》は、お店に商品を買いに来たお客さまに対して、接客や販売《はんばい》をする仕事です。また、商品をたくさん売るための作戦を立てる営業企画《えいぎょうきかく》という仕事もあります。

「売る仕事」は、会社の利益に直接貢《こう》献《けん》する、じつに重要な仕事なのです。

目次

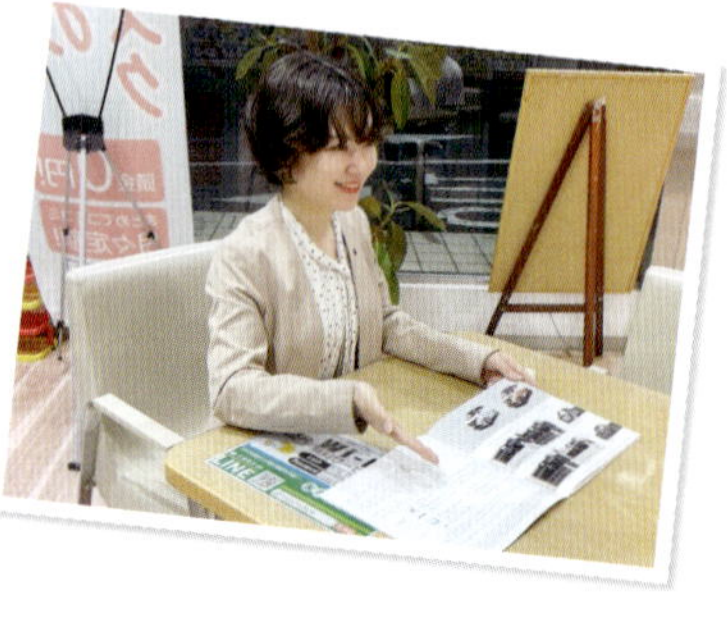

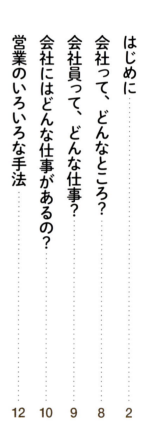

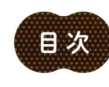

Part 2

目指せ！「売る仕事」どうやったらなれるの？

インタビュー編

いろいろな会社の「売る仕事」

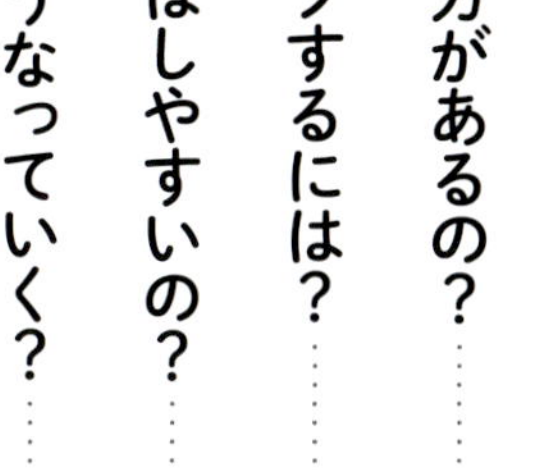

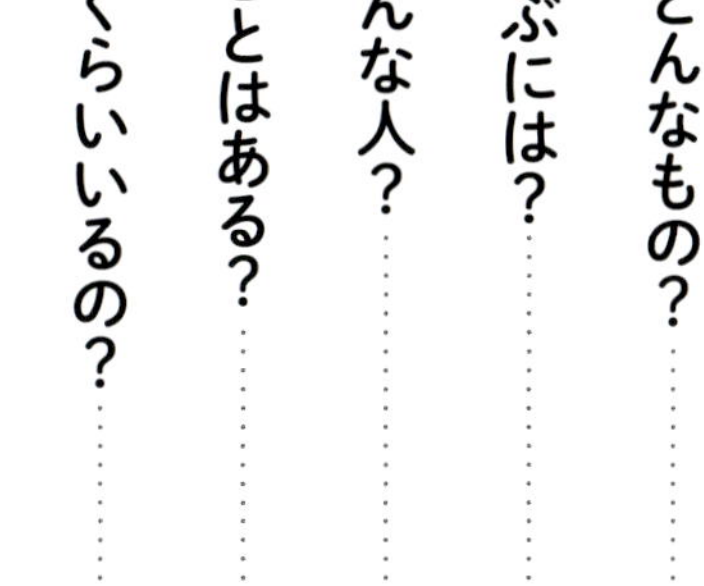

※この本の内容や情報は、制作時点（2024年7月）のものであり、今後変更が生じる可能性があります。

会社って、どんなところ?

会社は、だれにでもつくれる!?

「会社」という言葉を聞くと、たくさんの人が働く場所をイメージする人が多いかもしれません。しかし、働く人の数や働く場所の大きさは関係なく、必要な手続きをして国に認められれば、小さなお店も、大きな工場やオフィスも、すべて「会社」です。

手続きをすれば、
どれも「会社」

会社は、お金をかせぐための集まり

お金
商品

会社は、お金をかせぐことを目的に設立され、経済活動を行う集まりです。経済活動とは、物やサービスを生産し、それらをお金と交《こう》換《かん》して使うという、人びとの営みのこと。会社は、社会から必要とされる価値のあるさまざまな物やサービスを生み出し、それを売ってお金をかせいでいます。

みんなで力を合わせるから、大きな仕事ができる!

人が集まって会社をつくることで、一人ではできない大きな仕事をやりとげることができます。これが、会社というものが存在するいちばんの意義といえるでしょう。また、仕事をするうえで信用を得やすい、お金のやりくりがスムーズにできるなどのメリットもあります。

会社

会社員って、どんな仕事？

会社に勤め、会社の仕事を分担して行うのが「会社員」

「会社員」というのは、じつは仕事の内容を表す言葉ではありません。会社に勤めて、社員として働いている人を「会社員」といいます。会社員は、出勤する日数や時間などが決められていて、配属先や仕事内容も会社から指示されます。会社を運営するために必要なあらゆる仕事を、分担して行っているのです。

会社の仕事を
分担！

どんな仕事をしていても、会社に所属していれば会社員

例えば、取引先に自社の商品を売りこむ営業の人も、会社のお金を管理する経理の人も、仕事の内容はちがいますが、会社員です。

さらに、飲食店で接客をする人や、工場でものづくりにたずさわる人も、そのお店や工場を経営する会社の社員として働いていれば、みんな会社員ということになります。

会社に勤めていれば、
みんな「会社員」

チェック!!

フリーランスで働く人や、公務員として働く人も

会社に所属せず、個人で仕事をしている人もいます。例えば、カメラマンやイラストレーター、個人でお店を経営している人などです。また、公務員は、会社ではなく、役所、警察、消防といった国や地方自治体の機関に勤め、社会のために必要な業務にあたります。

会社にはどんな仕事があるの？

あつかう物やサービスによってさまざまな会社がありますが、会社を運営するための仕組みとして、多くの会社に共通する仕事を、役割別に紹介《しょうかい》します。

商品を売る仕事

自社の物やサービスを
お客さまに売って、
会社の利益に貢献《こうけん》します。

営業

個人のお客さまや取引先の
会社などに商品を売りこみ、
購入《こうにゅう》や契約《けいやく》につなげる仕事。
お客さまのニーズに応じた
物やサービスを提案します。

販売《はんばい》

商品を求めて来店した個
人のお客さまに対して、
接客や販売《はんばい》をする仕事。

営業企画《えいぎょうきかく》

営業や販売《はんばい》を担当する人た
ちが商品をたくさん売れるよ
うに、売り方を考える仕事。

商品をつくる仕事

新しい商品を生み出したり、
すでにある商品を改良したりします。

商品企画《しょうひんきかく》

世の中でどんなものが求め
られているかを分析《ぶんせき》し（市場《しじょう》
調査）、売れる商品を考えて
形にしていく仕事。

開発・研究

新たな素材や技術を開発
したり、新商品に求めら
れる機能を実現したりす
る仕事。技術的な面から
商品開発を支えます。

会社を支える仕事

会社の方針や目標を定めたり、
経営に必要な業務を担当したりして、
会社の経営を支えます。

経営企画《きかく》

会社全体の経営計画を立て、実行する仕事。各部門や関係者と連携《れんけい》し、業務の調整も行います。

経理

会社のお金の流れや取引について、記録したり管理したりする仕事。

人事

採用、配置、評価、社員教育など、社内の人材を管理し、活用する仕事。

広報

メディア対応や社内報の作成など、会社の内外に向けて、自社の情報を発信する仕事。

このほかに、会社が交《か》わす契約《けいやく》や法律についてチェックする仕事、社内のIT《アイティー》環境《かんきょう》を整える仕事などもあります。

チェック!!

部署の名前や仕事内容は会社によってちがいます

小さな会社では、部署が分かれていないこともあります。また、同じ「総務部」という名前の部署でも、会社がちがえば、担当する仕事の内容がちがうこともあります。

また、ある程度大きな会社では、「○○部」の下に「○○課」という部署があって、業務が細かく分かれています。

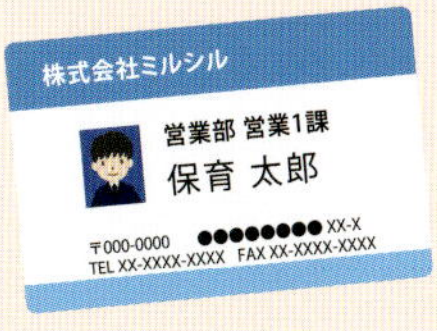

名刺《めいし》には部署名が書いてあります。

生産技術・生産管理

商品を工場で生産するにあたって、品質のよいものを効率的につくれるように技術的なくふうをしたり、生産ラインの整備や管理をしたりする仕事。

このほかに、デザインや設計を考える仕事、品質を管理する仕事、材料を調達する仕事などもあります。

お客さまとじかに接するビジネスの最前線！

営業のいろいろな手法

個人のお客さまや取引先の会社に、自社の商品を提案して売りこむ営業の仕事。
その手法やお客さまへのアプローチの仕方は多様です。
代表的な手法を紹介《しょうかい》します。

●アポイント営業

自社の商品やサービスに興味をもってくれそうな個人や会社に、電話やメールで連《れん》絡《らく》をとって、約束をとりつけたうえで訪問し、営業活動を行います。新規のお客さまを開拓《かいたく》する、最も一般的《いっぱんてき》な手法です。

●飛びこみ営業

事前に連絡《れんらく》せずに訪問して、新規のお客さまを開拓《かいたく》する営業の手法です。突然《とつぜん》訪問するため、相手は話を聞く態勢ができておらず、商品に興味をもってもらえるとは限りません。高いコミュニケーション能力が求められます。

●インサイドセールス

電話やメール、web《ウェブ》会議システムなどを使って、直接対面することなく営業活動をする手法です。時間や場所にしばられず、効率のよい営業活動ができます。また、海外など離《はな》れた場所のお客さまにもアプローチすることができます。

●ルート営業

すでに取引のあるお客さまを定期的に訪問し、関係を深めていくなかで、新商品の情報を提供したり、ほかのニーズ（需要《じゅよう》・要望）がないか確認《かくにん》したりして、新たな契約《けいやく》につなげていく営業の手法です。

●反響《はんきょう》営業

自社の商品について大々的に広告や宣伝をし、興味をもって問い合わせをしてきた人に対して営業活動を行います。インターネット、テレビやラジオ、ダイレクトメールなどを使った広告・宣伝にお金はかかりますが、対象を関心のある人にしぼれます。

●カウンターセールス

お店の窓口であるカウンターで、来店したお客さまに対して、商品の案内や提案を行い、契約《けいやく》につなげる営業手法です。代表的な例は、旅行会社、不動産会社、自動車販売《はんばい》会社などの営業です。

Part 1

「売る仕事」の一日を見て！ 知ろう！

住宅メーカーの営業職、
菓《か》子《し》メーカーの営《えい》業《ぎょう》企《き》画《かく》職《しょく》、
電子部品メーカーの営業職、
それぞれの一日に密着！

ONE DAY

住宅メーカーの営業職の一日

取材に協力してくれた会社員

浅海《あさうみ》 郁衣《いくえ》さん（27歳《さい》）

三井《みつい》ホーム株式会社
千葉注文住宅営業部
営業グループ（第三）

Q どうしてこの仕事に就《つ》いたのですか？

高校生のとき、吹奏楽部《すいそうがくぶ》の活動を通して、いろいろな人とふれ合うなかで、「将来は人と深くかかわる仕事がしたい」と考えるようになりました。なかでも、生活になくてはならない「住宅」にかかわる仕事に興味をもち、大学は「ライフデザイン学科」へ進学。住宅メーカーへの就職を目指しました。

Q この仕事のおもしろいところは？

いろいろありますが、細かいマニュアルがないところは、この仕事の魅力《みりょく》の一つです。プランを提案するときも、お客さまの性格や趣味《しゅみ》をふまえて、設計図のほかに模型やイメージ動画をつくるなど、自分なりにくふうできることがたくさんあります。その結果、お客さまに喜んでもらえたときは、この仕事をやっていてよかったなと思います。

ある一日のスケジュール

- **10:00** 出社、チームミーティング
- **11:00** プランの相談
- **12:00** 昼休み
- **13:00** お客さまとの打ち合わせ
- **15:00** モデルハウスでの接客
- **18:00** 片づけ、翌日の準備
- **19:00** 終業

10:00

出社、チームミーティング

ミーティングでは どんなことを話すの?

おはようございます!

三井ホーム
柏支店

最近、キッチンとダイニングテーブルを横並びにレイアウトしたいという注文が増えていて、先日も…

ミーティングでは、最近多い要望やお客さまからよく聞かれること、受けたクレームなど、それぞれが営業活動で得た情報を共有。流行やニーズをキャッチして、仕事に生かします。

営業職のチームミーティングでは予定の報告や情報交換《こうかん》をします

毎週月曜日には朝礼とチームミーティングがあるので、始業時間の10時少し前に営業所へ出社します。朝礼は、営業担当だけでなく、設計担当、工事担当など、営業所のメンバー全員が参加。全体への連絡《れんらく》や契約《けいやく》成立の報告などが行われます。

そのあとは、各担当に分かれてミーティングを行います。営業グループでは、それぞれ1週間の予定を報告して、土日にモデルハウス(18ページ)にいる担当を決めたり、お客さまから要望の多い間取《まど》りや設備など、住宅に関する情報を共有したりします。

住宅メーカーではたいてい、1組のお客さまを1人の営業職が担当します。そのため、営業職同士でゆっくり話ができるミーティングは貴重な時間。新しい情報を収集するだけでなく、仕事で困っていることを相談して、アドバイスをもらうこともあります。

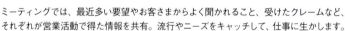

11:00

プランの相談

家を売るときに最初にすることは?

リビングをもう少し大きくできないでしょうか?
設計士

お客さまの期待を超《こ》えるプランになるよう、設計士とアイデアを出し合います。

プランの一例。外観のイメージは、コンピュータグラフィックスで作成します。

お客さまの希望を聞き出して、それに合わせた設計案を作成

家の購入《こうにゅう》を考えているお客さまには、まず「プラン」を提案します。プランとは、部屋の大きさや配置を表す間取《まど》りや、外観のデザインなどの設計案のことです。

プランを作成するのは、建築士の資格をもった設計士です。「リビングは1階に」「デザインはナチュラルな雰囲気《ふんいき》で」など、お客さまの希望を設計士に伝え、それらをふまえたプランを作成してもらいます。そして、お客さまの希望が反映されているか、改良できるところがないか、さらに検討します。

設計士と意見を出し合いながらプランを作成していくには、営業職であっても建築の知識が必要です。入社後数年間は、定期的に社内での研修がありますが、細かいことは仕事をしながら学んでいきます。わからないことはその都度、上司や設計士に確認《かくにん》して、一つひとつ覚えていくことが大切です。

13:00 お客さまとの打ち合わせ

お客さまとの打ち合わせで何を決めるの?

営業所はショールームをかねていて、トイレや洗面台、とびらや玄関《げんかん》ドア、床材《ゆかざい》や外壁材《がいへきざい》など、さまざまな住宅資材の見本がそろっています。

キッチンの引き出しは、最近このような家具風のデザインが人気です

イメージをより具体的にするために、お客さまに設備や素材の見本を見ていただくことも。

予算もふまえて、室内や外装などあらゆることを決めていきます

作成したプランをもとに、お客さまと話し合いながらプランを修正していきます。キッチンや浴室などの設備、窓やとびらの種類、壁紙《かべがみ》や床材《ゆかざい》、外壁《がいへき》や屋根の材料など、あらゆることを決めていくため、物件にもよりますが、3〜4か月の間に10回ほど打ち合わせをします。内容によっては、設計士やインテリアコーディネーターが中心となって行う打ち合わせもありますが、必要に応じて営業担当も同席し、お客さまの相談に乗ります。

特に多いのが、予算に関する相談です。限られた予算のなかで満足のいく家を建てられるように、お客さまの理想のイメージを十分に聞き出したうえで、「この部分の面積を少し減らすだけで予算がぐっとおさえられますよ」「予算内でこんなデザインにもできます」など、前向きな提案をして、家づくりを楽しんでもらえるように心がけています。

15:00

モデルハウスでの接客

モデルハウスってなんのためにあるの?

モデルハウスの外観。

三井ホーム

天井《てんじょう》のふきぬけは
部屋を広く見せる
効果があるんです

住宅メーカーの営業職が担当するお客さまの多くは、モデルハウスに来場した方です。お客さま1組に対し1人の営業担当がつき、対応をします。

モデルハウスは見学・体験できる「住宅の見本」

営業所でのお客さまとの打ち合わせなどがないときは、担当エリアにあるモデルハウスへ移動。来場したお客さまに対応します。

モデルハウスは、自社がつくる住宅の魅力《みりょく》を伝えるために建てられた見学用の住宅です。トイレやキッチン、照明やインターホン、冷暖房《れいだんぼう》などの住宅設備も完備され、家具や家電も配置されているので、実際に見たりふれたりしながら、営業担当の説明を聞くことで、お客さまが理想とする住宅のイメージをつかむのに役立ちます。

複数のモデルハウスが集まっている「住宅展示場」であれば、さまざまなメーカーの住宅を見比べることができます。比較《ひかく》すると、それぞれのメーカーの強みやアピールしたいポイントがよくわかります。モデルハウスは、お客さまが自分に合った住宅メーカーを選ぶための参考になるのです。

家を売るのって、大変じゃない？

とびらが
上向きに開くので、
とり出しやすい
ですよ

モデルハウスでは、設備の使いごこちを体感してもらうこともできます。

次は、街なかにある
別のモデルハウスを
見学してみませんか？

住宅の魅力《みりょく》をよりリアルに感じてもらうため、実際に人が住んでいる住宅の見学会や、モデルルームでの宿泊《しゅくはく》体験などを行うこともあります。

家を建てることのメリットを感じてもらうことが大切

モデルハウスに来場されたお客さまには、受付票に氏名や連絡先《れんらくさき》、建築予定や予算などを記入してもらい、特に聞きたいことは何かを確認《かくにん》。お客さまが求めている情報を提供します。加えて、お客さまの現在の住まいの悩《なや》みを聞いたうえで、「空調設備の性能も断熱性も高いので、冬でも寒くありません」「ロフトをつくって収納を増やせますよ」など自社住宅の特長も忘れずにアピールします。

住宅メーカーの営業の仕事は、これから建てる家という、まだ形のないものを売らなければならないのが難しいところ。ていねいに説明して、家を建てることのメリットを感じてもらうことがとても大切です。

その後、お客さまの希望があればプランを作成し、納得《なっとく》していただいたら契約《けいやく》を結びます。そして、プランの最終調整が終わると、住宅を建築する工事が始まります。

18:00

片づけ、翌日の準備

今度お会いする
ときまでに、
外観のイメージの
3D《スリーディー》資料を用意しておこう

翌日の準備のほかに、メールをチェックして返事を送ったり、その日、来場してくれたお客さまにお礼のメールを送ったりもします。

19:00

終業

おつかれさまでした！

仕事は決まった時間に終わるの？

お客さまの都合に合わせて、柔軟《じゅうなん》にスケジュールを変更《へんこう》

モデルハウスでの接客が終わったら、外に出ている看板やのぼりをしまうなど、片づけをします。そのあとは、モデルハウス内の事務所スペースでデスクワークです。例えば、建築にかかる費用の見積《みつ》もりや月づきの返済額の目安をまとめたり、内装デザインのイメージ画像をつくったりと、翌日の打ち合わせに必要な資料の作成や準備を行います。

仕事を終えるのは、だいたい19時ごろ。ただ、打ち合わせの場所や時間は、お客さまの都合に合わせるので、場合によっては終業時間が遅《おそ》くなることもあります。

休日は、火曜日と水曜日が基本です。お客さまとの打ち合わせやモデルハウスへの来客は週末に集中しますし、その翌日の月曜日には、業者への発注作業などが必要になるため、多くの住宅メーカーや不動産会社が、火曜日と水曜日を休みにしています。

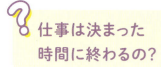

COLUMN

着工後も続くお客さまとのおつき合い

家の工事が始まったあとはもちろん、完成後もお客さまをフォロー。長いおつき合いのなかで、新しいお客さまを紹介《しょうかい》してもらうことも。

設計プランが決定したら、いよいよ着工です。着工とは、工事を始めること。ここからは工事担当者が中心となって進めますが、営業の仕事が終わったわけではありません。例えば、着工前に行われる「地鎮祭《じちんさい》」には、営業職もできる限り参加します。地鎮祭《じちんさい》とは、神主《かんぬし》を招いてその土地の神をまつり、工事が無事に進行すること、土地や建物の安全が続くことを祈願《きがん》する儀式《ぎしき》です。

工事が完了《かんりょう》したら、家の引きわたしにも立ち会います。住宅のかぎと保証書をわたして、いっしょに家の中を点検して回ったり、アフターサービスについて説明したりします。

さらに、引きわたしのあともお客さまとの関係は続きます。多くの営業職は、自社のカレンダーを配布する年末など、年に1回はお客さまを訪問しています。建物や設備に不具合が出たり古くなったりしていれば相談を受け、メンテナンスの部署やリフォームの部署へつなげることもあります。このような関係のなかで、「知り合いが家を建てたいと言っているんだけど……」などと、新しいお客さまを紹《しょう》介《かい》してもらうことも少なくありません。商品を売って終わりではなく、一人のお客さまと長くおつき合いを続け、信頼《しんらい》関係を築けるところも、住宅メーカーの営業職のやりがいの一つです。

とっても
すてきなおうちに
なりましたね！

時代の変化にともなって、地鎮《じちん》祭《さい》を行わない人も増えていますが、行う場合は営業職が事前の準備をお手伝いし、当日もなるべく参加します。

引きわたしは、理想の住宅が完成した喜びをお客さまと分かち合える瞬間《しゅんかん》。「あなたにお願いしてよかった」などと言ってもらえると、本当にうれしいです。

ONE DAY

菓子《かし》メーカーの営業企画職《えいぎょうきかくしょく》の一日

取材に協力してくれた会社員

酒井《さかい》 俊樹《としき》さん（26歳《さい》）
株式会社湖池屋《こいけや》
営業本部　ソリューション企画室《きかくしつ》

どうしてこの仕事に就《つ》いたのですか？

大学は経済学部でしたが、勉強よりも野球部の活動に夢中でした。就職活動をするにあたり、あつかう商品がイメージしやすい菓子《かし》メーカーを第１志望に決めて採用試験を受け、現在の会社に内定をもらいました。最初の１年半は、営業の仕事を担当。その後、営業企画《えいぎょうきかく》の部署に異動になりました。

この仕事のおもしろいところは？

会社の目的は、商品を売って利益を出すことです。そのために営業企画《えいぎょうきかく》は、「どうすれば商品が売りやすくなるか」を考えます。営業の仕事では、担当する取引先とのやりとりに重点が置かれますが、営業企画《えいぎょうきかく》はもっと大きなわく組みで考える仕事です。市場《しじょう》全体を広い視野で見て売り方を考えていくことに、やりがいを感じます。

ある一日のスケジュール

8:30　出社、情報収集
▼
9:30　市場分析《しじょうぶんせき》
▼
11:00　部署内の打ち合わせ
▼
12:00　昼休み
▼
13:00　資料の作成
▼
15:00　店舗《てんぽ》の視察
▼
17:30　終業

8:30

出社、情報収集

出社して最初にする仕事は?

おはようございます!

○○スーパーが△△駅に大型の新店舗《しんてんぽ》を出したのか…

お菓子《かし》や食品の業界のことはもちろん、小売や物流についてのニュースにも、ひと通り目を通しておきます。

この商品、数日前から急に売上がのびているんですが、店頭では何かありましたか?

営業の社員と情報を共有して、店頭ではどんな動きがあるか教えてもらったりすることもあります。

インターネットのニュースサイトで関連する業界の記事をチェック

勤務先のオフィスは、自分の席が決まっていないスタイルなので、朝、出社したら、空いている好きな席を使って仕事をします。

まずはノートパソコンを開き、インターネットのニュースサイトで情報収集。業界のトレンドや市場《しじょう》の状況《じょうきょう》など、最新の情報を幅《はば》広《ひろ》くつかんでおくよう心がけています。また、自社から新商品が発売されたときなど、一般《いっぱん》向けにどんなふうに宣伝・紹介《しょうかい》されているか知っておくことも大切です。

情報収集をする目的は、商品の売り方を考える手がかりにするためです。例えば、お菓子《かし》や食品の業界で最近人気が出ている商品の情報があれば、その背景を調べたり、理由を分析《ぶんせき》したりして、自社の商品を売る際の参考にします。洗剤《せんざい》や歯みがき粉といった他の業界の商品でも、売り方のくふうで成功している例には大きなヒントがあります。

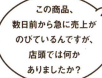

9:30

市場《しじょう》分析《ぶんせき》

どんなデータから どんなことがわかるの？

この商品って、なんでこの時間に売れていると思う？どんな人が買っているのかな？
あくまでも仮説ですが、出勤前に仕事中の小腹満たし用として買っているのかもしれませんね

営業《えいぎょう》企画《きかく》の仕事では、市場分析《しじょうぶんせき》で得たデータが営業活動にどのように役立つか、なぜこのデータが重要なのか、だれにでもわかるように説明する必要があります。

購買《こうばい》データなどの数字から、取引先の特徴《とくちょう》や状況《じょうきょう》を把握《はあく》

ひと通り情報収集を終えたら、メインの業務である市場分析《しじょうぶんせき》にとりかかります。市場《しじょう》とは、商品の売買が行われる範囲《はんい》のこと。例えば「スナック菓子市場《がししじょう》」とは、スナック菓子《がし》を購入《こうにゅう》できる場所すべてを指します。市場《しじょう》分析《ぶんせき》では、レジ入力で管理されている購買《こうばい》データや、専門の調査会社が調べたデータなどから、市場《しじょう》では今どんな商品が売れているのか、どんな人が、どんなときに買っているのかといったことを調べます。

取引先のデータを年度で比べたり、市場《しじょう》全体と比べたりすることで、売れ方の特徴《とくちょう》や状況《じょうきょう》、さらには取引先がかかえる課題が見えてきます。例えば、市場《しじょう》全体では売れているAという商品が、取引先では売れていない場合は、「市場《しじょう》にはニーズがあるというデータを示して、売り場のくふうを提案しよう」など、売り方を考える手がかりとなります。

COLUMN

営業企画《えいぎょうきかく》は「売り方を考える」仕事

商品をお客さまに届けるため、小売店に商品を売るのが営業の仕事。営業企画《えいぎょうきかく》は、営業が商品を売るための方法を考えます。

お菓子《かし》などのメーカーは、商品をつくって販売《はんばい》し、利益を出します。どんな商品をつくるかを考えるのは、マーケティング部門。商品企画《きかく》や商品開発と呼ばれる職種です。消費者（商品を買って使ったり食べたりするお客さま）のニーズや流行をとり入れ、お菓子《かし》であれば味や食感、パッケージのデザインなど、あらゆる点を検討して商品をつくります。

でき上がった商品を最終的に使ったり食べたりするのは、個人のお客さまです。お客さまが商品を購入《こうにゅう》するスーパーやコンビニといったお店のことを、小売店といいます。商品をお客さまに届けるには、小売店に商品を置いてもらわなければなりません。つまり、メーカーの直接の取引先は、これらの小売店ということになります。営業の社員は小売店に対して、自社の商品を売るための営業活動を行います。

しかし、ただ「よい商品なので買ってください」とお願いすれば、商品が売れるというものではありません。そこで営業企《えいぎょうき》画《かく》の出番です。営業企画《えいぎょうきかく》は、どうすれば取引先である小売店が自社の商品を買ってくれるかを考えます。例えば、「この商品は、このような売り方で売上がアップしています」「この地域ではこのような数字が出ています」といった具体的な事例やデータを示して、小売店にとってのメリットを伝えられるような資料を作成するのです。営業企画《えいぎょうきかく》の仕事は、営業が商談を進めやすくするための“武器”を用意する仕事といえるでしょう。

● 商品が消費者に届くまでの流れ

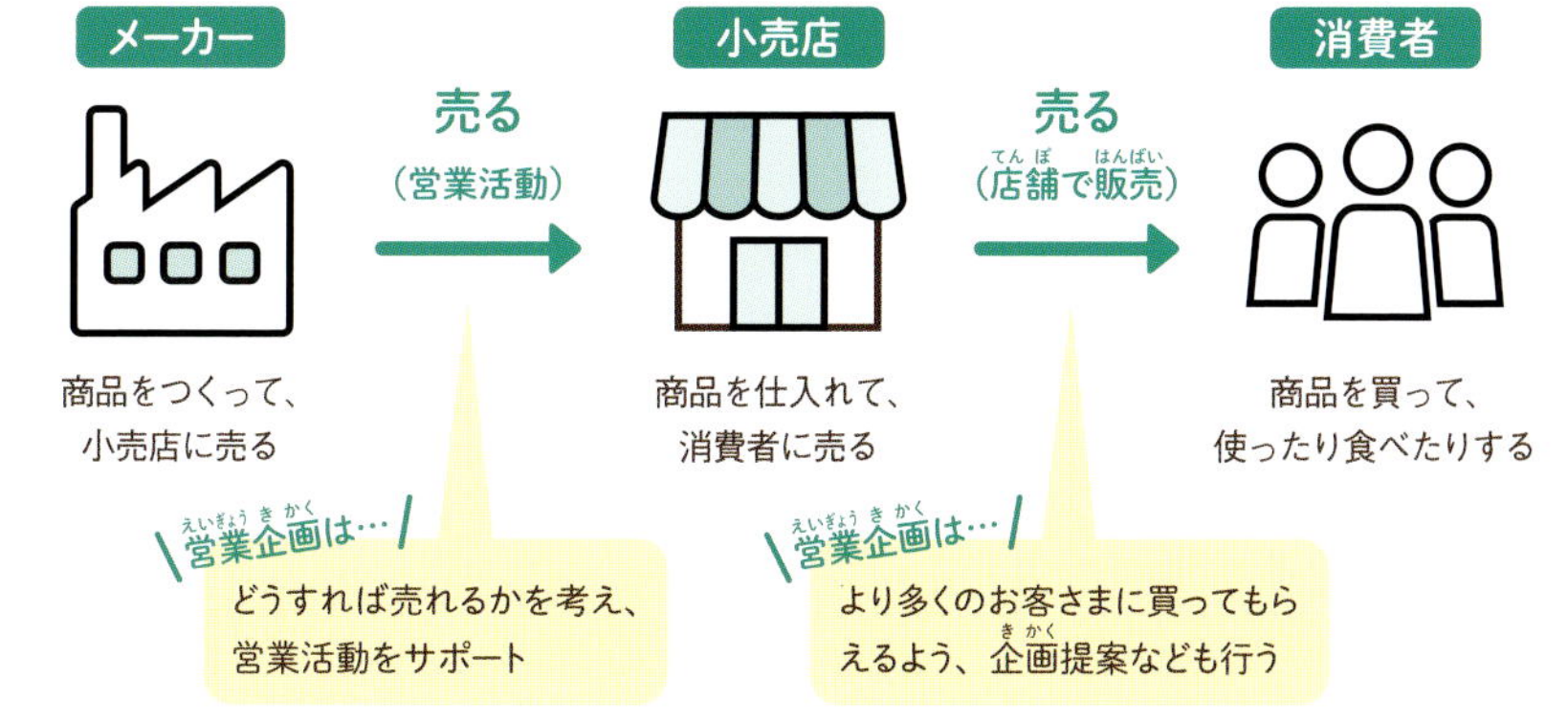

11:00

部署内の打ち合わせ

同じ部署の人たちとはどうかかわるの？

どういう切り口で今回の新商品の提案書を作成しようか迷っていまして…
大人の方向けの商品だから、お酒売り場での提案を加えてみたらどうかな？

提案書とは、取引先である小売店に対して、自社の商品の店舗《てんぽ》での効果的な販売《はんばい》方法などを具体的に提案するための資料のこと。商品ごとに提案書を用意するほか、取引先に合わせて個別に提案書をつくることもあります。

仕事について報告・相談したり、情報を共有したりしています

この日は、所属するソリューション企画室《きかくしつ》の打ち合わせに参加。打ち合わせでは、各自の業務内容について報告したり、うまく進まない仕事があれば上司や先輩《せんぱい》に相談したりします。気になる情報を部署内で共有することもあります。

新商品が出たときには、どんな売り方をしていくかを部署全体で相談します。商品開発をになうマーケティング部門では、味やパッケージの特徴《とくちょう》などを消費者に向けてアピールする資料をつくりますが、取引先である小売店に必要な情報は、その資料だけでは十分ではありません。営業企画《えいぎょうきかく》では、「このブランドはこのような客層によく売れる」「パッケージを変更《へんこう》したので、売り場にならべる作業効率が上がる」など、小売店にアピールできる情報を補強して、営業が売りやすくなるようにサポートします。

13:00 資料の作成

だれに向けてどんな資料をつくるの？

要点がわかりやすく伝わる資料になっているかな？

営業《えいぎょう》企《き》画《かく》がつくった資料は全国の営業に共有されます。オンラインで行う会社全体の会議で知らせたり、毎月メールで発信したりしています。

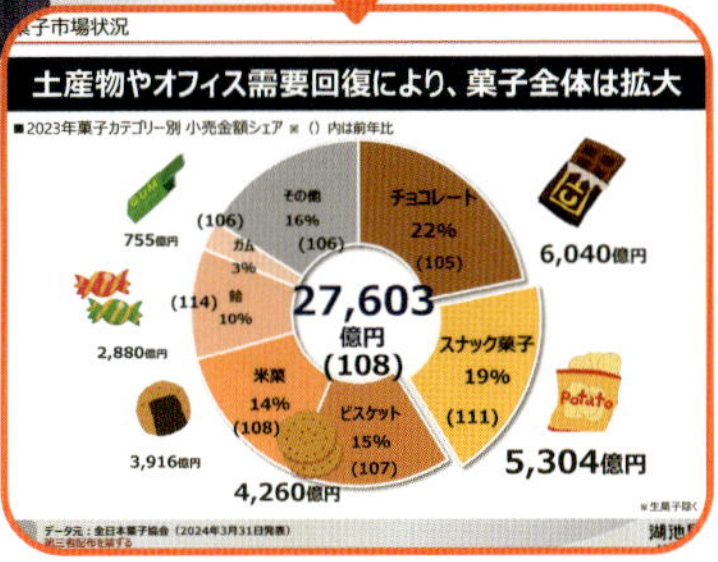
菓子市場状況
土産物やオフィス需要回復により、菓子全体は拡大
■2023年菓子カテゴリー別 小売金額シェア ※（）内は前年比
チョコレート 22% (105) 6,040億円
スナック菓子 19% (111) 5,304億円
ビスケット 15% (107) 4,260億円
米菓 14% (108) 3,916億円
飴 10% (114) 2,880億円
ガム 3% (106) 755億円
その他 16% (106)
27,603 億円 (108)
※生菓子除く
データ元：全日本菓子協会（2024年3月31日発表）

お菓子《かし》の市場《しじょう》全体の状況《じょうきょう》を伝える資料。

営業の社員が取引先に商品を売りこむための資料を作成

昼休みをはさんで、午後からは資料を作成します。この資料は、営業の社員が取引先との商談に使うものです。市場分析《しじょうぶんせき》で得たデータや、営業とのやりとりのなかで得た情報をヒントに、取引先に効果的な提案やアピールができる資料を用意します。

例えば、小袋《こぶくろ》が連なった4連パック商品が売れているという情報が入ってきたら、それを裏づけるデータを調べて資料にまとめます。この資料を営業の社員が商談に使い、さらなる売上アップにつなげていくのです。営業の社員から「この資料があると売りやすい」と言われると、やりがいを感じます。

「こういう資料をつくってほしい」と、営業の社員から個別にたのまれることもあります。季節の変わり目で商品が大きく入れかえになる時期には、各所から依頼《いらい》が来るのでいそがしくなります。

15:00

店舗《てんぽ》の視察

お店に何を見に行くの?

〇〇スーパーが
おもしろい売り場づくりを
しているみたいなので、
視察に行きましょう
提案のヒントに
なる部分が
あるといいね

同じ部署の社員や、営業の社員といっしょに視察に行くこともあります。仕事以外でスーパーを利用するときも、売り場のようすをさりげなくチェックしています。

17:30

終業

おつかれさまでした！

商品の並べ方などを見て、店頭での売り方を考える参考に

営業企画《えいぎょうきかく》の仕事では、店頭でお客さまに向けて自社の商品をアピールする方法も考えます。小売店に「この商品を買ってよかった」「また仕入れよう」と思ってもらうには、実際に商品がお店で売れることも重要だからです。

そこで、業務時間内にもたびたびスーパーに足を運び、店舗《てんぽ》を視察。売り場での商品の並べ方や、目を引く装飾《そうしょく》のくふうなど、参考になるアイデアがないかチェックしています。商品に適したよい方法を考えて情報をまとめ、営業の社員に提供して営業活動に役立ててもらいます。

店舗《てんぽ》の視察を終えたら会社にもどり、定時まで市場分析《しじょうぶんせき》や資料作成の業務にあたります。新商品が発売される時期など、特に仕事が立てこんでいるときは、多少残業をすることもあります。

COLUMN

小売店を盛り立てる販促物《はんそくぶつ》やイベント

販促物《はんそくぶつ》をつくって提供し、売り場づくりをサポート。
商品や会社を知ってもらうためにイベントを実施《じっし》することもあります。

取引先の小売店に来るお客さま（消費者）に、自社の商品をアピールするには、魅力的《みりょくてき》な売り場をつくることが大切です。そこで、営業企画《えいぎょうきかく》は、店頭にはるポスターや、商品のそばに展示する「POP《ポップ》」と呼ばれる広告、たなにつける飾《かざ》りなど、さまざまなアイテムを作成します。店頭で商品の購買《こうばい》をうながすために使うこれらのアイテムのことを販促物《はんそくぶつ》（販売促進物《はんばいそくしんぶつ》）といいます。

販促物《はんそくぶつ》をつくるときは、マーケティング部門や、会社の広告宣伝やPR《ピーアール》を担当する宣伝部、広報部とも連携《れんけい》して、商品のイメージをねらい通りに伝えられるような言葉やデザインを考えます。作成した販促物《はんそくぶつ》は社内で共有し、必要に応じて営業の社員が取引先の店舗《てんぽ》に持参して、売り場づくりに役立ててもらいます。

また、営業の社員と相談して、取引先の小売店にイベントの実施《じっし》を提案することもあります。例えば、お店のイベントスペースで、子どもや親子を対象に、食育講座やポテトチップスの味つけ体験を行うなどです。小売店にとっては、お客さまの興味を引いて集客につなげる効果があり、メーカーにとっては、自社の商品やブランドのファンになってもらう機会になります。イベントを実施《じっし》することで、取引先との関係が深まるというメリットもあります。

湖池屋《こいけや》の工場がある地域のスーパーのお菓子《かし》売り場。メーカーのロゴが入ったのれんや、おいしさの秘密を解説したパネルを設置しました。

スーパーでのイベントのようす。親子でポテトチップスの味つけ体験などを通して、自社の商品やブランドに関心をもってもらいます。

ONE DAY

電子部品メーカーの営業職の一日

取材に協力してくれた会社員

尾山《おやま》 裕紀《ひろき》さん（30歳《さい》）

TDK《ティーディーケー》株式会社
電子部品ビジネスカンパニー
日本営業統括部《とうかつぶ》　東日本営業第１部2G

どうしてこの仕事に就《つ》いたのですか？

学生時代から、将来は世界を相手に仕事をしてみたいと思っていました。そこで興味をもったのが、海外との取引も多い電子部品メーカーの営業職です。TDK《ティーディーケー》は業績が業界内トップクラスであることに加え、就職活動でお会いした社員のみなさんが魅力《みりょく》的《てき》だったこともあり、入社を希望しました。

この仕事のおもしろいところは？

営業は、売上のよしあしを左右し、会社の存続にも成長にもかかわる責任の大きな仕事です。その分、やりがいを感じます。お客さまに商品を紹介《しょうかい》する際や交渉《こうしょう》ごとをする際、どのようにすればお客さまにご理解いただき、ご満足いただけるかという「シナリオ」を考えてのぞむのですが、そのシナリオがうまくいったときは喜びが大きいです。

ある一日のスケジュール

9:00	出社、予定の確認《かくにん》
9:30	チームミーティング
11:00	打ち合わせの準備
12:00	昼休み
14:00	お客さまとの打ち合わせ
17:00	打ち合わせ内容の整理
18:30	終業

9:00

出社、予定の確認《かくにん》

だれにどんなものを売る仕事なの？

おはよう
ございます！

午前中のうちに、
打ち合わせの
資料の準備を
終わらせよう

自分の席が決まっていない「フリーアドレス」のオフィスなので、好きな席で仕事を開始。営業職は、お客さまの予定に合わせて家で仕事をすることも可能で、だいたい週２日ほどは在宅ワークをしています。

家電や空調機器をつくる会社に製品に使う部品を売っています

出社したら、まずはメールをチェックして、お客さまからの問い合わせなどに対応します。その後は、その日の予定を確認《かくにん》して、やるべきことの優先順位をつけます。お客さまとの打ち合わせの予定があれば、訪問場所への行き方や所要時間を調べて、一日のおおよその予定を立てます。

担当するお客さまはおもに、家電や空調機器を製造する会社です。冷蔵庫や電子レンジ、エアコンなどに使われる電子部品を販売《はんばい》しています。自社の製品をお客さまにすすめるには、多種多様な電子部品について、知識を身につける必要があります。入社後の研修や、営業部門での定期的な勉強会で学ぶほか、仕事を通して覚える部分も大きいです。お客さまに製品を紹介《しょうかい》するときや製品の不具合があったときに改めて学び、知識を増やしています。

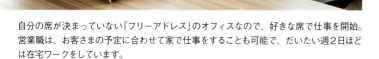

9:30

チームミーティング

仕事についてだれかに相談する場はある?

新しい製品について、
A社でニーズがありそうだったので、
同業種のほかのお客さまにも
紹介《しょうかい》できればと思っています。
関係する方は
情報交換《こうかん》しましょう!

東京以外に、仙台《せんだい》や松本《まつもと》にも営業所があり、そこに所属する営業職は基本的に、オンラインでチームミーティングに参加します。

サポートが必要なときは ミーティングで上司や仲間に相談

月に3回、東日本で電子部品の営業を担当しているメンバー約30名が集まり、チームミーティングを行っています。日ごろ個人で仕事することも多い営業職にとって、上司や同僚《どうりょう》と情報共有や相談ができる貴重な時間です。「家電メーカーのA社に新しい製品を紹介《しょうかい》したら興味をもってもらえた」「お客さまから製品に対してこういうリクエストがあった」など、ほかの営業職にも役立ちそうな情報は積極的に報告します。

また、お客さまから「納期を早めてほしい」「価格をおさえたい」といった要望があったときや、納品した製品で品質トラブルが発生した場合は、上司に相談することもあります。その際は、「このように対応したいと考えていますが、どうでしょうか」と自分なりの意見を伝えたうえで、アドバイスをもらうようにしています。

COLUMN

計画通りに売上を上げることが重要！

年間・月間の計画を立て、計画通りに売上を上げることを目指します。ただたくさん売ればよいという単純な仕事ではありません。

営業は、ただやみくもに製品を売ればよいという仕事ではありません。1年という長い期間にわたる販売《はんばい》計画を立て、その計画通りに売上を上げることが求められます。この年間計画は、「今年はエアコンの電子部品を売っていこう」「新しく開発した○○という部品を売りこみたい」といった、会社全体の営業方針に従って決められます。年間計画をもとに、月単位での目標を決めて、計画的に営業活動を行うのです。

しかし、いつも計画通りに売上を上げられるとは限りません。お客さま（製品を買ってくれる取引先）の業績によって、注文が減ったり増えたりすることがありますし、ときには災害などによって発注が止まってしまうこともあるからです。注文が増えるのはよいことのように思われますが、電子部品をつくる工場は、販売《はんばい》計画をもとにして原材料や働く人員を確保しているので、急に計画以上の注文が入ると、対応できないこともあります。そのような事態が起きないように、年に2回ほど、お客さまの状況《じょうきょう》に合わせて、販《はん》売《ばい》計画を見直しています。

実際の営業活動では、お客さまへの売りこみや交渉《こうしょう》のほかに、見積書《みつもりしょ》や契約書《けいやくしょ》、納品書といった書類をつくる仕事もあります。見積書《みつもりしょ》というのは、契約前《けいやくまえ》に、製品の価格と販売《はんばい》個数、代金、製品を届ける日程などを確認《かくにん》するための書類です。

また、契約後《けいやくご》、工場に発注したあとのアフターフォローも営業の仕事です。製品がきちんと納品されているか、製品の品質に問題はないかを確認《かくにん》し、トラブルがあれば解決策を提案して、対応します。

● 営業の仕事のおおまかな流れ

営業方針の決定 → 年間の販売《はんばい》計画の決定 → 月単位の売上目標を作成 → 売りこみ・交渉《こうしょう》・見《み》積《つ》もり作成 → 受注・契約《けいやく》 → 納品・請求《せいきゅう》 → アフターフォロー

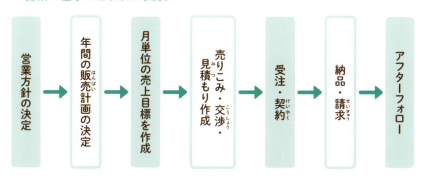

11:00

打ち合わせの準備

お客さまとの
打ち合わせに
必要なものは?

どんなふうに
伝えたら、
製品のよさが
伝わるかな?

資料は紙に印刷したものをわたすほか、プロジェクターに映したり、パソコンの画面で見てもらったりもします。

このデモ機を使えば、
お客さまに製品の便利さを
体感してもらえるね

製品ごとに、専門知識をもつ社員がいるので、打ち合わせに向けて、使われている技術について説明してもらうこともあります。

打ち合わせ内容に合わせて製品の資料やサンプルを準備

打ち合わせの内容によって、準備する資料はちがいます。初めて訪問するお客さまの場合は、自社の事業や技術を説明するための資料や、お客さまの製造している製品に使用できそうな部品の資料を用意します。

特定の電子部品の性能や特徴《とくちょう》を説明したい場合には、製品のサンプル（見本）を準備します。製品によっては、事前に工場に発注して、お客さまに合わせたサンプルをつくってもらったり、製品の機能を試《ため》せる機械（デモ機）を用意したりすることもあります。

また、打ち合わせの準備として大切なのは、どのように製品をアピールするか、自分なりの「シナリオ」を用意することです。興味をもってもらえそうなキーワードや、お客さまへの質問を考えておきます。ある程度、話したいことを整理しておくことで、内容の濃《こ》い打ち合わせができます。

14:00

お客さまとの打ち合わせ

お客さまとはどんな話をするの？

細いワイヤーをすき間なく巻けるので、従来品、他社品より充電《じゅうでん》効率にすぐれています。携帯《けいたい》電話などの充電《じゅうでん》時間が早くなるので便利ですよ！
従来品や他社品と比べて、どのくらいちがうの？

お客さまに新しい製品を紹介《しょうかい》して、採用されるまでには2〜3年かかることも。注文を受けるまでには、何度もサンプルを用意して、製品の性能を調整、確認《かくにん》してもらいます。

お客さまの要望をさぐったり、性能の説明をしたりとさまざま

営業の仕事には、さまざまな段階があります（33ページ）。どの段階かによって、打ち合わせで話す内容は変わります。

例えば、初めての打ち合わせであれば、自社製品を紹介《しょうかい》したり、お客さまの困りごとを聞いたりしながら、お客さまが必要としている製品は何かをさぐります。

「こんな部品がほしい」という具体的な相談があったときは、お客さまの要望に合った製品のサンプルやデモ機を持参して、性能を説明します。このとき、技術についてよりくわしい説明が必要であれば、技術部門の社員に同行してもらうこともあります。

そのほか、注文に向けて価格や納期を調整したり、支払《しはら》いに関するとり決めや契約書《けいやくしょ》の確認《かくにん》をしたりすることもあります。お客さまに役立ちそうな新しい製品が出たときは、その都度、売りこみもします。

17:00 打ち合わせ内容の整理

打ち合わせ内容はどうやって整理するの？

お客さまから充電《じゅうでん》効率について要望があったんですが…

打ち合わせで製品の性能について「もっとこうしてほしい」という要望があれば、対応可能かどうか、生産部門に相談します。

話した内容を議事録にまとめて、お客さまと共有します

会社にもどったら、打ち合わせの内容をまとめて「議事録」を作成。日時、場所、参加者と、そこで話した内容を記録します。例えば、お客さまに商品を紹介《しょうかい》してどんな反応があったか、どんな会話をして、決定した内容は何かといったこともまとめます。また、「サンプルを用意してほしい」など、対応すべき課題があれば、だれが、何を、いつまでに、どのように行うのかを書きこんでおきます。議事録には、あとで読み返したとき混乱しないように、事実だけを簡潔に記します。

まとめた議事録は、お客さまにお送りしてまちがいがないかを確認《かくにん》。ネットワークを通じて社内でも共有します。

一日の予定を終え、明日の予定を確認《かくにん》したら、たいてい18時半ごろまでに終業します。年間の販売《はんばい》計画を立てる時期など、いそがしいときは残業することもあります。

18:30 終業

TDK

おつかれさまでした！

COLUMN

社内のさまざまな部署とも連携《れんけい》

契約書《けいやくしょ》に法令違反《いはん》がないかどうかは法務部がチェックするなど、専門部署との連携《れんけい》・協力も欠かせません

営業の幅広《はばひろ》い業務内容のなかには、ほかの専門部署との連携《れんけい》が必要なものもあります。最も密に連携《れんけい》するのは、技術部門や生産部門です。製品のくわしい性能を知りたいときや、お客さまに製品について専門的な説明を求められたときには、技術部門や生産部門の社員に確認《かくにん》したり、打ち合わせに同行してもらったりします。お客さまに提出するための資料やサンプルをつくってもらうこともあります。また、製品の価格を決めるにあたって、販売数《はんばいすう》の変化や原材料費の変化などのくわしい情報がほしいときにも、生産部門に問い合わせをします。

契約書《けいやくしょ》をつくるときには、法務部門との連携《れんけい》が必要です。多くの会社には、法律にかかわる業務を担当する法務部という部署が置かれています。契約書《けいやくしょ》の内容が法令に違反《いはん》していないか、社内のルールを守っているか、会社の不利益になる内容がないかなど、専門的な視点からチェックしてもらいます。

取引先の経営状態については、おもに経理部門が情報を伝えてくれます。製品を納める先の会社の経営状態が悪くなると、代金を払《はら》ってもらえなくなるリスクがあるからです。経理部門は、企業の信用調査を行う会社のデータやそれぞれの会社が公開しているデータなどをもとに、取引先の経営状態をチェック。問題があれば営業担当にも情報を伝えてくれます。

営業活動をできるだけスムーズに、トラブルなく進めるためには、いろいろな部署との協力が欠かせないのです。

契約書《けいやくしょ》の
内容について
相談なんだけど…

法務部門の社員に契約書《けいやくしょ》の内容に問題がないかを相談。法律に関する専門的な視点からのアドバイスをもらいます。

INTERVIEW 1

小売業の会社で働く
販売職《はんばいしょく》

榮《さかえ》 まひろさん
株式会社キデイランド
大阪梅田《おおさかうめだ》店

昨日の売上は
どのくらい
だろう？

出勤したらまず、パソコンでメールと昨日の売上をチェックします。

商品の発注のようす。売り場の品数や売れ筋を確《かく》認《にん》しながら、小型の端末《たんまつ》で注文を入力します。

先週の
発注数だと売り切れて
しまったから、
今週は増やしてみよう

ありがとうございます！
またお越《こ》しくださいませ

またお店に足を運んでもらえるよう、接客するときはいつも笑顔《えがお》を心がけています。

Q1 どんな仕事をしているのですか？

キデイランド内にあるスヌーピータウンショップで、生活雑貨やぬいぐるみ、洋服など、ありとあらゆるグッズを販売《はんばい》しています。どの商品を販売《はんばい》するか決めてメーカーに発注し、どうすればお客さまに商品を見てもらえるか考えて売り場を作成。日々、売り上げ目標を達成できるよう業務にあたっています。そのほかに、アルバイトスタッフの教育、伝票やシフトの作成などの仕事もあります。

来店するのは、10代から70代くらいまでの幅広《はばひろ》いお客さまです。最近は海外の方も多いため、桜など和柄《わがら》の日本らしい商品もそろえています。

Q2 おもしろいところややりがいは？

自分が売り場のレイアウトを考えて出した商品が売れたときに、やりがいを感じます。スーパーやコンビニのように、日常的に使うものをあつかうお店ではないため、ただ商品を出しているだけでは売れません。どの商品を、どの場所で、どのように展開するか考え、日々売り場づくりを行っています。そのように考えて出した商品がお客さまの目にとまって購入《こうにゅう》していただけたとき、お客さまを楽しませる店舗《てんぽ》づくりができたことに喜びを感じます。売上にもつながるため、自分自身も楽しんで業務を行っています。

Q3 なぜこの仕事に就《つ》いたのですか？

好きなものにかかわる仕事がしたいという思いから、この会社を選びました。キデイランドには学生のころからよく行っており、さまざまなキャラクターに囲まれる空間がとても好きで、自分もその空間づくりにたずさわりたいと感じたのがきっかけです。大学生のときに、キャラクターショップでのアルバイトで、自らお客さまに話しかけてコミュニケーションをとったり、店頭でのイベントにたずさわったりした経験から、好きなものをお客さまと共有する楽しさを知り、人とかかわる仕事を続けたいと考えるようになりました。

お店で商品を売る店員さんも、会社員なの？

お店には、個人が経営しているものと、会社が経営しているものがあります。会社が経営しているお店で働く店員は、その会社の社員なので、会社員という立場です。ただし、パートやアルバイトとして働く店員のことは、会社員とはいいません。お店では、会社員の立場で働いている店員が、発注やシフトの作成など責任のある仕事を担当するのが一般的《いっぱんてき》です。

INTERVIEW 2

IT《アイティー》企《き》業《ぎょう》で働く

営業職

浅田《あさだ》 海斗《かいと》さん
富士《ふじ》ソフト株式会社
プロダクト事業本部 M2M《エムツーエム》事業部
第1営業グループ

お客さまにとって
よりよい提案は
なんだろう…

メタバース（インターネット上の仮想空間）の仮想オフィスで社内打ち合わせを行い、お客さまへの提案書を部署全体で作成しています。

この情報は、
担当している案件の
参考になりそうだな

何かお困りごとは
ございませんか？

営業職はお客さまにいちばん近い存在。くわしくお話を聞き、お客さまがかかえる課題を解決するにはどうすればよいかをともに考えます。

お客さまに役立つ情報を伝えられる営業を目指して、日々、IT《アイティー》に関する最新情報を勉強しています。

Q1 どんな仕事をしているのですか?

自社の製品やサービスによるモバイルソリューション*を提案する営業活動を行っています。私が働く会社では、ルーター*などの通信端末《たんまつ》、産業用の機械やセンサーを相互《そうご》に通信させるためのIoT《アイオーティー》*機器、通信環境《かんきょう》を統合的に管理・制御《せいぎょ》するサービスと、幅広《はばひろ》い製品やサービスをとりそろえています。

おもなお客さまは、大手通信キャリアやケーブルテレビ事業者、格安スマホなどのサービスを提供するMVNO《エムブイエヌオー》事業者、ルーターのレンタル事業者です。私はケーブルテレビ事業者をメインで担当しています。

Q2 おもしろいところややりがいは?

お客さまと関係を構築しながら案件を進められるところです。営業職はお客さまのさまざまな悩《なや》みや要望を聞いて、関係を深め、寄りそいながら改善や解決につながる提案を行います。結果として採用いただき、お客さまの要望に応えられたときはたいへんうれしいです。

まれに、サービスのアップデートなどの都合で、お客さまに急な対応を依頼《いらい》しなければならない場合がありますが、「浅田《あさだ》さんの頼《たの》みなら」と快く受けていただけることが多く、感謝するとともに、日ごろの関係構築の重要さを感じます。

Q3 なぜこの仕事に就《つ》いたのですか?

小さいころからパソコンが好きで、高校卒業後はIT《アイティー》系の専門学校に進学し、IT《アイティー》パスポート（IT《アイティー》の基礎的《きそてき》な知識が証明できる国家試験）やMOS《モス》（69ページ）など、IT《アイティー》系の資格を複数取得しました。

就職活動では、IT《アイティー》系の仕事を希望してはいたものの、高校時代からのアルバイト経験を通じて人とかかわることが好きだと実感していたため、高い専門性が必要なエンジニアではなく、営業職を志望。お客さまと直接かかわりながら、専門学校時代に得たIT《アイティー》の知識もいかすことができると考え、現在の勤務先に営業職として入社しました。

モバイルソリューション

スマホやタブレットといったモバイル機器を利用して、課題を解決し、業務を効率化すること。

ルーター

データのやりとりを管理し、パソコンやスマホなどを複数台、ネットワークに接続させる機器。

IoT《アイオーティー》（Internet《インターネット》 of《オブ》 Things《シングス》）

あらゆるものをインターネットなどのネットワークに接続させ、情報のやりとりを可能にすること。

INTERVIEW ③

旅行会社で働く 営業企画職《えいぎょうきかくしょく》

武石《たけいし》 歩美《あゆみ》さん
株式会社JTB《ジェイティービー》
ツーリズム事業本部 仕入商品事業部
海外商品企画部《きかくぶ》 企画《きかく》第一課

このホテルの
在庫はちゃんと
確保しているね

ホテルや航空便の仕入れは、インターネットを介《かい》して行います。販売《はんばい》の見こみや採算も考えて、仕入れをします。

ハワイ
ハワイ
グアム
台湾
シンガポール
バリ島
TAIWAN
アジア
モルディブ
オーストラリア
ドバイ

チラシやパンフレットは、お客さまに旅行に行きたいと思ってもらえるような内容を考えてつくります。

情報が古いから、
最新の情報に
直さなきゃ

ツアー商品を掲載《けいさい》するパンフレットをチェック。内容に誤りがないか、特に注目してほしい情報がきちんとのせられているか、責任をもって確認《かくにん》します。

Q1 どんな仕事をしているのですか？

私は、個人のお客さま向けの海外パッケージツアー*をとりあつかっています。宿泊施設《しゅくはくしせつ》や交通手段、オプショナルツアー*などを組み合わせて「旅行商品」をつくり、販売《はんばい》する仕事です。

旅行会社がホテルの空室や航空便の座席を確保することを「仕入れ」といいます。仕入れた在庫を組み合わせて商品としてつくり上げ、販売《はんばい》に向けて作業を進めます。商品をつくるには、どんな旅行が求められているかといったデータの収集や分析《ぶんせき》を行うのも重要な仕事です。多くの予約をいただけるよう、商品の魅《み》力《りょく》を伝えるチラシなども作成します。

Q2 おもしろいところややりがいは？

自分が今まで収集してまとめたデータが、商品の内容を決めるうえで役立ったときは、手ごたえを感じます。どんなホテルを仕入れるか、ツアーにどんなプランをつけるかなど、考えるべきことはたくさんあり、どうしたらお客さまが旅行に行きたいと思ってくださるかを、さまざまな角度から検討して商品をつくり上げていくのがおもしろいです。

自分ががんばって担当した商品が無事に発売できて、さらにお客さまから予約が入ったときは、とてもうれしく、やりがいを感じます。

Q3 なぜこの仕事に就《つ》いたのですか？

大学生のときに海外旅行のことが気になり始め、友だちにさそわれて初めて海外旅行に行きました。そこでさらに関心が深まり、旅行を通してお客さまを感動させたい、旅行関連の仕事にかかわりたいと思ったのがきっかけです。

また、私は聴覚《ちょうかく》障害をもっていますが、高校生のときに職場体験でJTB《ジェイティービー》グループに行った際に、必要なサポートがしっかりしていたことから、私にとって働きやすい環境《かんきょう》だと考え、入社を希望しました。現在の職場でも聴覚《ちょうかく》障害に理解があり、私と同じような障害をもつ社員が何人も活躍《かつやく》しています。

パッケージツアー

旅行会社が旅行の目的地や日程、宿泊先《しゅくはくさき》、交通手段、目的地での観光や体験といったサービス内容を組み合わせて行程を決め、料金を設定して参加者を募集《ぼしゅう》する旅行のこと。

オプショナルツアー

パッケージツアーの自由行動時間（フリータイム）に、希望者が別料金を支払《しはら》って参加する小旅行のこと。観光のほかに、スポーツや文化を体験できるものもある。

INTERVIEW 4

自動車販売《はんばい》会社で働く
営業職

金谷《かなや》 笑菜《えな》さん
日産《にっさん》東京販売《はんばい》株式会社
東大和《ひがしやまと》店 カーライフアドバイザー 主任

どの色がお好みでしたでしょうか？

お客さまの家族構成やライフスタイル、ご予算などをじっくりお聞きしたうえで、最適な車をご提案。魅力《みりょく》を体感できるよう、実際に乗車もしていただきます。

実際にご覧になってみていかがでしょうか？外にてご試乗もできますよ

かなや日記
KANAYA
4月号
Times

入社以来、毎月発行している自作の新聞。少しでも親しみをもってもらえるよう、自分のことを書いて、すべてのお客さまにお配りしています。

お車のご調子はいかがですか？

点検の時期が近いお客さまには、個別に電話で連絡《れんらく》を入れ、ご案内します。

Q1 どんな仕事をしているのですか？

自動車販売《はんばい》会社でカーライフアドバイザーをしています。メインの業務は自動車の販売《はんばい》です。車は高価な商品であり、購入《こうにゅう》にかかわる書類にもミスが許されないため、ていねいに対応しています。

販売《はんばい》のほかに、整備の予約、点検などアフターフォローのご案内、保険の提案や対応、お客さまがお困りのときのサポートと、車に関することならなんでも対応します。万が一、自動車に不具合が起きたときには、工場とお客さまの間をとりもつこともあります。個人のお客さまが多いですが、法人（62ページ）のお客さまもいらっしゃいます。

Q2 おもしろいところややりがいは？

やはりいちばんは、高価な自動車を私から購入《こうにゅう》していただけるということです。日ごろのおつき合いがあってこそ、お客さまに「金谷《かなや》さんから買おう」「金谷《かなや》さんに任せたい」と思っていただくことができます。そう思ってくださるお客さまが増えれば、自然と売上も増えていきます。がんばった分だけ自分に返ってくることが多く、達成感につながります。

どうすればお客さまに喜んでもらえるのか、自分がお役に立てるのかを考え、お客さまを思いやる心を大切に、日々仕事をしています。

Q3 なぜこの仕事に就《つ》いたのですか？

もともと、人と会話することが好きだったので、お客さまと接する仕事がしたいと思っていました。そして、接客業のなかでも一人のお客さまと長くおつき合いのできる職に就《つ》きたいと考え、自動車の営業職を選びました。自動車を購《こう》入《にゅう》していただいたことをきっかけに、そのお客さまとのおつき合いはもちろん、さまざまなつながりができていくことに魅力《みりょく》を感じています。

数ある自動車メーカーのなかで日産《にっさん》自動車の販売《はんばい》会社を選んだのは、実家で所有している車が日産車《にっさんしゃ》だったため、親しみを感じていたことも理由の一つです。

自動車販売《はんばい》会社と自動車メーカーの関係

自動車販売《はんばい》会社は、自動車メーカーが製造した車の販売《はんばい》とアフターサービスを行う会社で、ディーラーとも呼ばれます。自動車販売《はんばい》会社の店舗《てんぽ》には、自動車メーカーの名前やロゴが示されていることが多いため、メーカーの営業所のように思われがちですが、じつは別々の会社。メーカーと契約《けいやく》を結び、そのメーカーの車の販売《はんばい》を任されているという関係です。

INTERVIEW 5

産業用装置メーカーで働く
営業職

菅原《すがわら》 政仁《まさひと》さん
株式会社SCREEN《スクリーン》ファインテックソリューションズ
ディスプレー事業統轄部《とうかつぶ》 営業部
（現所属：株式会社SCREEN《スクリーン》セミコンダクターソリューションズ 国内営業一部）

こちらの装置は、
お客さまが求める
最先端《さいせんたん》技術と
マッチしています

当社が開発した技術や装置について説明し、お客さまが求める装置の仕様を決定。お客さまと当社の双方《そうほう》に利益がある商談を目指します。

私たちの会社が
販売《はんばい》した装置は
問題なく稼働《かどう》して
いますでしょうか？

電話でお客さまと定期的にコンタクトをとって、事業の最新状況《じょうきょう》を確認《かくにん》し、打ち合わせのスケジュールを調整します。

両者にとって
よい商談にするために
熱意をもって
説明するぞ！

お客さまに向けて、自社のことを紹介《しょうかい》したり、最新装置の納入実績や仕様を説明したりします。

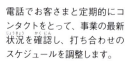

Q1 どんな仕事をしているのですか?

パネルを製造する中国・台湾《たいわん》の大手メーカー向けに、FPD《エフピーディー》*製造装置を販《はん》売《ばい》しています。当社は、FPD《エフピーディー》の製造に用いるコーターデベロッパー*において、世界No.1のシェアを誇《ほこ》ります。その実績と安心感から、お客さまが新たなプロジェクトを進めるにあたり、まず初めに当社に装置販売《はんばい》の依頼《いらい》が入ります。そこから、販売《はんばい》する装置の仕様を決めるための打ち合わせや価格交渉《こうしょう》を行い、お客さまと当社がともに納得《なっとく》のいく条件で契約《けいやく》。装置をお客さまの工場に納めるまでの出荷《しゅっか》の段どり、納入後の装置の立ち上げ、アフターサービスまで対応します。

Q2 おもしろいところややりがいは?

文化や考え方は、各国で異なります。現地に出張して肌身《はだみ》で経験することはもちろん、本を読んだり上司から聞いたりして、その国の歴史や国民性を学ぶことで、新たな価値観を発見でき、自身の成長に結びつく点が、この仕事のおもしろいところだと感じます。異なる考え方をもつ海外のお客さまに、どうすれば納得《なっとく》いただけるのか試行錯誤《さくご》するのもおもしろい一面です。グローバル化が進む昨今、海外向け営業の仕事をすることは、生きぬくすべを身につけるうえでも大切な経験だと思います。

Q3 なぜこの仕事に就《つ》いたのですか?

高校時代から営業職を希望していました。海外向けの営業を志したのは、会社の最前線に立ち、会社の命運を左右する立ち位置で仕事ができることにあこがれをいだいたからです。加えて、異なる文化にふれ、多国籍《たこくせき》の人びととコミュニケーションをとることで、幅広《はばひろ》い知識や経験を得ることができると考えました。

現在の会社を選んだのは、自分の出身地の京都の大企業《だいきぎょう》であること、就職活動時に先輩方《せんぱいがた》からすすめられたことからです。また、売上の8割が海外なので、海外で仕事をする機会が多いと聞いて入社を希望しました。

FPD《エフピーディー》

Flat《フラット》 Panel《パネル》 Display《ディスプレイ》の略。液晶《えきしょう》、有機EL《イーエル》などの薄型《うすがた》で平らな画面の映像表示装置のことで、スマホやタブレット、テレビ、車のディスプレイなどに幅広《はばひろ》く用いられている。

コーターデベロッパー

FPD《エフピーディー》製造装置の一つ。ガラス基板の上にフォトレジスト(感光剤《かんこうざい》)を均一に塗布《とふ》したり、映像を表示するのに必要なパターンを現像したりする装置。

もっと！ 教えて！「売る仕事」

Q1 この仕事に就《つ》いてよかったと思ったことを教えて！

A 規模の大きな案件を受注でき、やりとげたときは、とても充実感《じゅうじつかん》があります。先輩《せんぱい》から担当を引きついだお客さまとの間で、コミュニケーションを密にとって信頼《しんらい》関係を深めるなかで、新事業向けに自社の製品とサービスを導入いただいたことがありました。導入規模が大きく複雑な案件で、とても苦労しましたが、営業力の向上と達成感を得ることができ、よい経験となりました。

（20代・営業職・男性）

A 自動車販売《はんばい》の仕事をしていますが、産休・育休から復帰した際に、たくさんのお客さまが、「おめでとう、おかえりなさい、待ってたよ」というお声をかけてくださったこと、出産祝いにプレゼントをくださったことは、とてもうれしかったです。自動車を購入《こうにゅう》していただいたことをきっかけに、人間関係が育まれていることを実感しました。

（30代・営業職・女性）

Q2 営業や販売《はんばい》の仕事で、大変なこと、苦労したことを教えて！

A こちらの不手際《ふてぎわ》でお客さまからクレームを受けるなど、トラブルが起こったときの対応は、とても緊張《きんちょう》します。対面ではなく電話で対応するケースが多いため、顔が見えない分、ふだん以上に気をつかいます。お客さまの気持ちや状況《じょうきょう》をよく理解したうえで、ていねいな謝罪をすること、トラブルの内容や対応についてまちがった説明をしないことなどに気をつけて、信頼《しんらい》を回復できるように努めています。

（20代・販売職《はんばいしょく》・女性）

A 先進技術など、自社製品に関連する最新情報や知識を常にインプットしなければならないことが大変です。技術は日進月歩なので、お客さまの信頼《しんらい》や期待に応え続けるためには、より多くのことを勉強していく必要があると、日々痛感しています。一方で、新しい知識を身につけることに楽しさも感じています。同じ部署のメンバーと勉強会を実施《じっし》するなど、一丸となってレベルアップをはかっています。

（30代・営業職・男性）

Part 2

目指せ！「売る仕事」どうやったらなれるの？

「売る仕事」に就《つ》くには、どんなルートがあるの？

大学を卒業していたほうが選択肢《せんたくし》は多くなります

営業職や販売職《はんばいしょく》といった「売る仕事」に、特別な資格は必要ありません。会社に就職して、営業や販売《はんばい》を担当する部署に配属されれば、だれでも「売る仕事」に就《つ》くことができます。

ただし、大学へ進学したほうが、就職先の選択肢《せんたくし》は増えます。採用選考の際に、大学卒業の学歴を求める会社が多いからです。なかには、高等専門学校（高専）卒業を、大学卒業と同等の学歴としてあつかう会社もあります。高専では工業系の知識や技術を学べるため、卒業後は技術職への就職が多いですが、専門知識をいかしながら営業職として働く人もいます。

高校卒業後、専門学校で学んでから就職するというルートもあります。

なお、中学や高校を卒業してすぐに就職し、「売る仕事」で活躍《かつやく》する人もいます。営業職や販売職《はんばいしょく》は、仕事の成果が売上や契約数《けいやくすう》という数字であらわれるため、個人の能力や成果がわかりやすく、成果を上げれば高く評価されます。そのため、能力があれば、学歴に関係なく活躍《かつやく》できるという一面もあるのです。

大学（4年）

短期大学（2〜3年）

就職後に学び直す人も

専門学校（1〜4年）

※「売る仕事」にかかわる専門学校としては、経営学や商学などを学べるビジネスの専門学校や、旅行やホテル業の専門学校などがある

高等専門学校（5年）

※工業や商船などに関する専門的な知識や技術を学ぶことができる

専攻科《せんこうか》（2年）

就職活動・採用選考

合格!

入社後、営業職や販売職《はんばいしょく》として働く

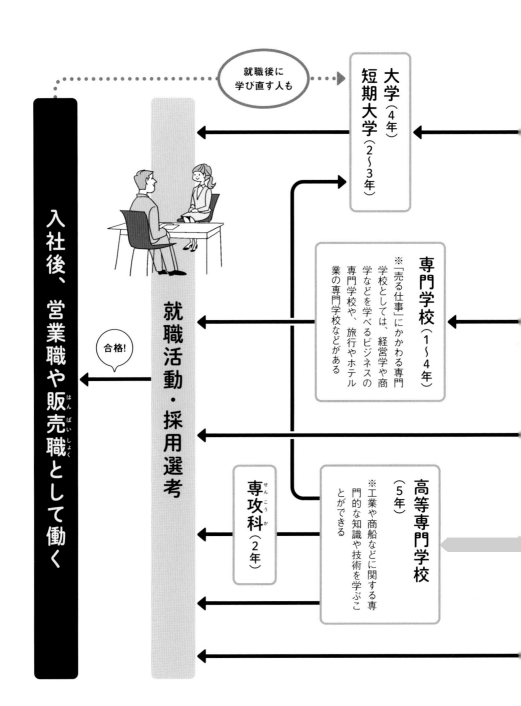

？ 会社員になるための試験って、どんなもの？

まずやるべきことは情報収集。働きたい会社を見つけます

「売る仕事」に限らず、会社員になるためには、それぞれの会社が行う採用選考を受けて、合格しなければなりません。

まず必要なのが、業界や会社の情報を集めることです。業界とは、世の中にある会社を事業内容によって分けた区分のことです。例えば、自動車業界、食品業界など、さまざまな業界があります。自分が興味のある業界で社員を募集《ぼしゅう》している会社を探し、一社一社、業績や働きやすさなどの情報を集め、自分が働きたい会社を選ぶのです。

業界や会社にかかわる情報は、インターネットの就職情報サイトや書籍《しょせき》、大学のキャリアセンターで調べることができます。

会社の情報を集めるには？

大学のキャリアセンターで調べる

各大学にあるキャリアセンターでは、相談員に卒業後の進路や就職活動について相談したり、社員を募集《ぼしゅう》している会社の情報を調べたりすることができます。

自動車業界に就職したいのですが…

どんな仕事ができそう？やりがいは？
働いていた人の口コミは？
給料は？休みは？

インターネットで調べる

インターネット上には、学生の就職活動を支援《しえん》するための情報や機能が集まった「就職情報サイト」がいくつもあります。業界や会社についての情報や採用情報などを調べたり、社員募集《ぼしゅう》に応募《おうぼ》したりすることができます。

一般的《いっぱんてき》な採用選考の流れ

書類選考

「エントリーシート」と呼ばれる応募《おうぼ》用紙や履歴書《りれきしょ》などに必要事項《じこう》を記入し、入社を希望する会社に提出する。

↓

SPI《エスピーアイ》試験

日ごろの行動や考え方に関する質問に答える「性格検査」と、言語分野（国語）と非言語分野（数学）の問題を解く「能力検査」がある。

↓

グループワーク

何人かのグループに分かれて、決められたテーマについて議論や共同作業を行って、成果を発表する。その過程や成果物が評価の対象になる。

↓

面接

その会社の社員と直接会って、対話をするなかで、その人の性格や意欲などが評価される。1次面接、2次面接など、面接は複数回行われる。

SPI《エスピーアイ》試験では、
中学1〜2年レベルの
国語や数学の問題が出る。
今のうちにしっかり
勉強しておこう！

面接では、
学生のときがんばったこと、
その会社を志望した理由、
自己PR《ピーアール》などを
聞かれることが多い

書類選考のあと、筆記試験と面接を行うのが一般的《いっぱんてき》

会社の採用選考は一般的《いっぱんてき》に、「書類選考」「筆記試験」「面接」の順に行われます。それぞれの選考で合格した人のみが、次の段階に進むことができます。

試験や面接の内容は会社によってちがいますが、筆記試験については多くの会社がS《エス》PI《ピーアイ》試験という適性検査を行っています。その人の性格や基礎的《きそてき》な知的能力などを調べる簡単なテストです。面接では、面接官と対話する方法だけでなく、グループワークが行われることもあります。

そのほかに、「インターンシップ」を行う会社も増えています。これは、学生が実際に会社で仕事を体験したり、働く人から話を聞いたりできる機会を設ける制度です。最近では、通常の採用選考とは別に、インターンシップに参加した人のなかから新入社員を採用する会社が増えています。

? 「売る仕事」に関係することを学ぶには?

商品を売買する「ビジネス」を幅広《はばひろ》く学べる学部がおすすめ

大学で、「売る仕事」に役立つ知識を学びたいという人は、ビジネスについて学べる学部を選ぶのがおすすめです。ビジネスとは、物やサービスなどの商品を売買することで、社会に貢献《こうけん》しながら、利益を得ていく活動のことをいいます。

ビジネスについて学べるのは、おもに商学部や経営学部です。これらの学部で学ぶことは重なる部分も多く、大学によっても学ぶ内容にちがいがあるので、具体的にどんなことが学べるか、調べたうえで進学先を決めるとよいでしょう。最近では、商学部、経営学部に似《に》た内容を学べる「ビジネス学部」のある大学も増えています。

ビジネスについて学べる学部

ビジネスに関することを
幅広《はばひろ》く学ぶ

商学部

商学部は、ビジネスに関することを幅《はば》広《ひろ》く学ぶ学部です。例えば、ものを売るための仕組みやルール、ビジネスにかかわるお金の流れ、商品の開発や流通、マーケティング(55ページ)など、「売る仕事」にかかわることも多く学べます。

会社の経営に必要な
知識を得る

経営学部

経営学部では、会社や組織をよりよく営むための方法について、多方面から学びます。人材(社員)の生かし方、お金・時間・情報の効率的な使い方や管理の仕方など、ビジネスに直接役立つ実践的《じっせんてき》な学びが多いのが特徴《とくちょう》です。

ちなみに…

経済学部ってどんな学部?

経営学部と名前が似《に》ていますが、経済学部は、社会や国全体の経済活動について学ぶ学部です。理論やデータをもとに、個人や会社、地域、政府など社会のなかでのお金や商品の流れ、その問題点や改善点などを分析《ぶんせき》・研究します。

「売る仕事」に役立つ大学の科目

統計学

調査によって得られたデータを集計・分《ぶん》析《せき》する学問です。統計学は、顧客分析《こきゃくぶんせき》などマーケティングにも欠かせません。データサイエンスとも深く関連しています。

マーケティング

消費者のニーズをさぐるための方法や、ニーズに合わせたものやサービスの開発、商品を売るための仕組みづくりなどについて学びます。

心理学

人の心の動きや行動を科学的に解明しようとする学問です。営業や販売《はんばい》の仕事で、相手の心を理解し、信頼《しんらい》を得るために役立ちます。

データサイエンス

数学や統計学、プログラミングなどを活用し、収集したデータの分析《ぶんせき》・解析《かいせき》を行う方法を学びます。近年、データサイエンスの学部や学科を設ける大学も増えています。

大学では、「売る仕事」に関係する授業が多数あります

商学部、経済学部で学べる科目には「売る仕事」に役立つものが多くあります。代表的なのが、製品やサービスが売れる仕組みを学ぶ「マーケティング」です。マーケティングの授業では、消費者がどんな商品を求めているのかを調べて分析《ぶんせき》する方法や、価格のつけ方、商品を売る場所や売り方のくふう、宣伝方法などを学ぶことができます。

商学部や経済学部以外でも学べる統計学やデータサイエンス、心理学といった科目の内容は、マーケティングに関係しています。心理学は接客時、相手の気持ちを理解するのにも役立つでしょう。ほかにも、法学部でビジネスにかかわる売買契約《けいやく》について学ぶ、社会学部で産業の仕組みや機能について研究する「産業社会学」という科目を学ぶなど、人文系の多くの学部で、「売る仕事」にかかわる科目を選ぶことが可能です。

「売る仕事」に向いているのはどんな人？

営業職に 必要な能力は?

- コミュニケーション能力（聞く力・提案力）
- 交渉力《こうしょうりょく》
- 企画力《きかくりょく》
- 人から学ぶ力

取引先のニーズを理解したうえで、論理的に話を進め、説得・交渉《こうしょう》する力が必要。

販売職《はんばいしょく》に 必要な能力は?

- コミュニケーション能力（聞く力・人を理解する力・提案力）
- 好感度の高さ

「この人から買いたい！」と思ってもらえるよう、好印象を与《あた》えられるコミュニケーション力が必要。

聞く力、伝える力など コミュニケーション能力が重要

「売る仕事」は、大きく営業職、販売職《はんばいしょく》、営《えい》業企画職《ぎょうきかくしょく》に分けられますが、どの仕事にも共通して必要なのが、コミュニケーション能力でしょう。コミュニケーション能力というのは、ただ人とうまく話せる力ではありません。相手の話に耳をかたむけ、その人の考えや気持ちを理解する力もふくまれます。

営業職なら、取引先の要望を理解したうえで、商品やサービスを売りこんだり、交渉《こうしょう》したりしなければなりません。一般《いっぱん》のお客さまに商品を売る販売職《はんばいしょく》は、やりとりのなかで好印象を与《あた》えることが求められます。

一方、営業企画職《えいぎょうきかくしょく》の場合、商品は社外に売るのですが、社内の人とのコミュニケーショ

ンも必要です。自分が考えた案を実現するために、他の部署の人たちや上司を説得し、納得《なっとく》させる力が求められます。
　また、営業職や販売職《はんばいしょく》は、すぐに気持ちを切りかえられる人のほうが向いているといえます。交渉《こうしょう》がうまくいかず、売上が上がらないときや、気の合わないお客さまの相手をしなければならないときでも、感情をおさえて前向きになれるメンタルの強さがあるほうが、仕事が長続きするでしょう。

営業企画職《えいぎょうきかくしょく》に必要な能力は?

- 企画力《きかくりょく》
- 論理的思考力
- 発想力
- 調査力
- コミュニケーション能力（提案力・説得力）

企画力《きかくりょく》はもちろん、社内のたくさんの人を説得できるような提案力が必要。

働く人に聞いてみた！

知識を得ることを楽しいと感じられる人

お客さまに自社製品をおすすめするためには、営業職自身が製品について理解を深める必要があります。その点では、いろいろなことに興味をもてて、知識を得ることを楽しいと感じられる人に向いている仕事だと思います。

（20代・営業職・男性）

何よりもまず、人が好きであること

販売職《はんばいしょく》は、直接お客さまと接する仕事なので、人とコミュニケーションをとることが好きな人に向いていると思います。どうすれば相手が喜んでくれるかを考えてくふうすることが、仕事をするうえで大切です。

（20代・販売職《はんばいしょく》・女性）

? 中学・高校でやっておくといいことはある？

国語

言葉によるコミュニケーションは、「売る仕事」の基本。書類などの文書を作成するためにも必要です。

数学

ものごとを論理的に考えられるようになり、筋道を立てて、わかりやすく説明する力が身につきます。

情報

IT《アイティー》スキルはビジネスに必要不可欠。マーケティングのデータ分析《ぶんせき》にも活用できます。

英語

英語で会話をしたり、英文を書いたりできれば、海外とやりとりするときに役立ちます。

部活動や趣味《しゅみ》の経験もふくめ、すべての学びが社会人の基本！

中学や高校の勉強は、社会人として働くにあたって求められる知識を身につけるために、最低限必要なものです。どの教科もまんべんなく学んでおきましょう。

そのうえで特に「売る仕事」に役立つ教科を挙げるとすれば、数学、英語、国語などです。どれも、人とうまくコミュニケーションをとるために重要な教科です。数学は、一見コミュニケーション能力とは関係がないように思われますが、ものごとを筋道を立てて考える「論理的思考力」を高めるのに役立ち、相手に伝わる話し方を身につけることにつながります。

ほかにも、パソコンやプログラミングの知

識やスキルは、社会に出て働くときに必ず必要になります。情報の授業を通して、基礎《きそ》を身につけておきましょう。

勉強だけではなく、部活動や委員会活動などの課外活動での経験もだいじです。同じ目標に向かって仲間と協力したり、努力を続けたりする経験は、協調性、体力、忍耐力《にんたいりょく》など、さまざまな力を養ってくれます。学校外で趣味《しゅみ》や習いごとに打ちこむのもよいでしょう。

働く人に聞いてみた！

自社製品を理解するのに、理系科目が役立つ場合も

営業職には文系の人が多いですが、機械や部品をあつかう会社に勤める場合は、自社製品の基本的な構造や仕組みを理解していなければなりません。理科や数学などの理系科目も、敬遠せずに学んでおくと役に立つと思います。

（20代・営業職・女性）

礼儀《れいぎ》や時間管理の感覚が身につく運動部

運動部での経験は、社会人に求められる礼儀《れいぎ》や上下関係、時間管理といった感覚を身につけるために役立ったと感じています。スポーツの話は、営業活動の際にお客さまとのちょっとした雑談のネタにもなります。

（20代・営業職・男性）

部活動

一つの目標に向かって努力を続けたり、仲間と協力したりする経験が、人間力を育てます。

趣味《しゅみ》や習いごと

部活でなくても、何か一つのことに打ちこんだ経験は、人としての魅力《みりょく》や集中力につながります。

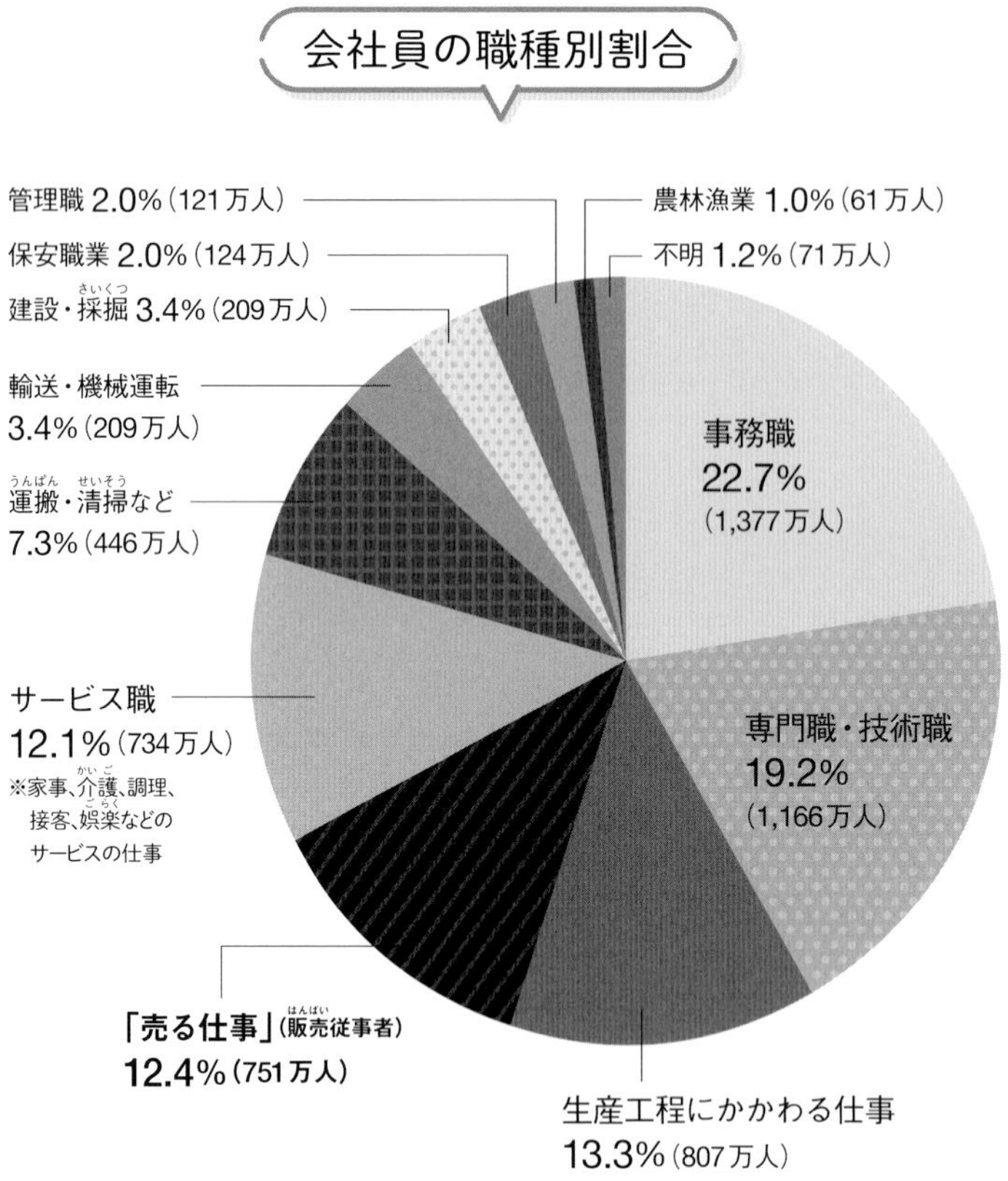
会社員の職種別割合
管理職 2.0%（121万人）
保安職業 2.0%（124万人）
建設・採掘《さいくつ》 3.4%（209万人）
輸送・機械運転 3.4%（209万人）
運搬《うんぱん》・清掃《せいそう》など 7.3%（446万人）
サービス職 12.1%（734万人）
※家事、介護《かいご》、調理、接客、娯楽《ごらく》などのサービスの仕事
「売る仕事」（販売《はんばい》従事者） 12.4%（751万人）
生産工程にかかわる仕事 13.3%（807万人）
専門職・技術職 19.2%（1,166万人）
事務職 22.7%（1,377万人）
農林漁業 1.0%（61万人）
不明 1.2%（71万人）

厚生労働省「2023年労働力調査」（2024年）をもとに作成

「売る仕事」で働く人って、どのくらいいるの？

「売る仕事」で働く会社員が最も多いといわれています

厚生労働省《こうせいろうどうしょう》の「労働力調査」によると、会社に勤めて働く人は、全国で6076万人います（2023年現在）。そのうち、「売る仕事」をしている人はおよそ12%で、751万人とされています。ただし、調査の方法によってほかの選択肢《せんたくし》に分類されている人もいるため、実際にはもっと多く、会社員で最も多いのが「売る仕事」だといわれています。

実際の就職状況《じょうきょう》を見ると、「売る仕事」に就《つ》いている人の多くは文系です。大学生の人数自体が理系より文系のほうが圧倒的《あっとうてき》に多いこと、理系は生産や開発の仕事に就《つ》く人が多いことなどから、おもに文系の人が「売る仕事」をになっています。

「売る仕事」で働く人の男女別割合

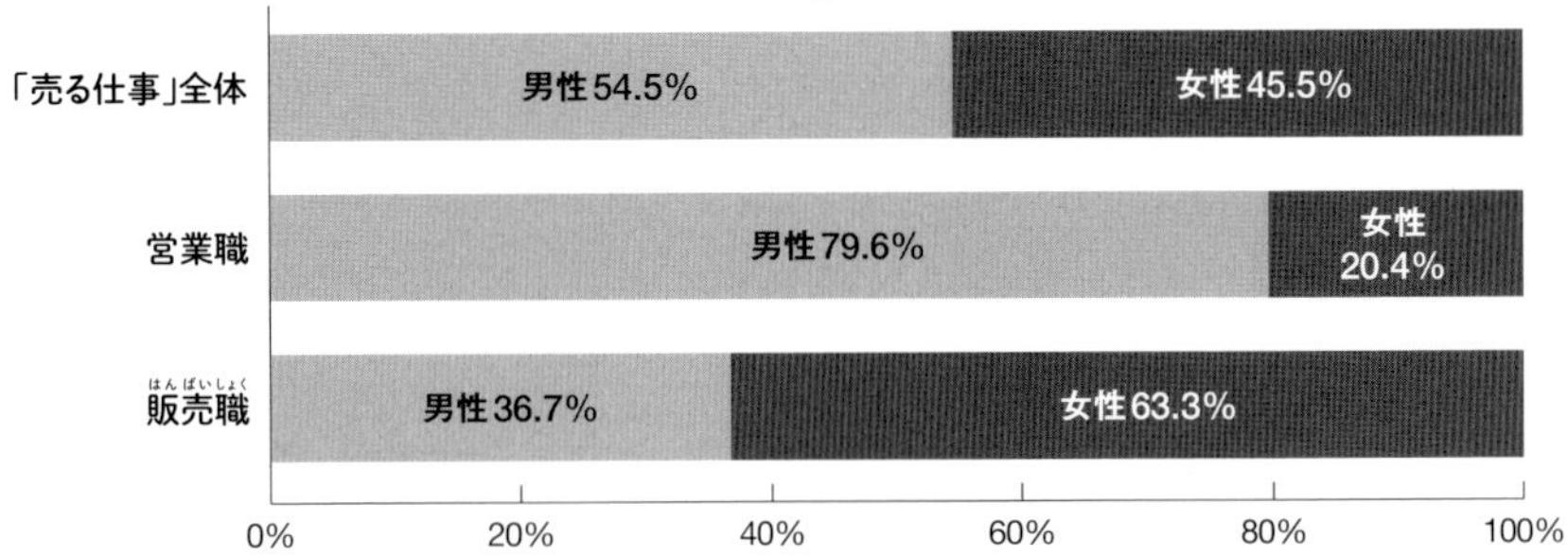

厚生労働省「2023年労働力調査」(2024年)をもとに作成

「売る仕事」で働く人の年齢別《ねんれいべつ》割合

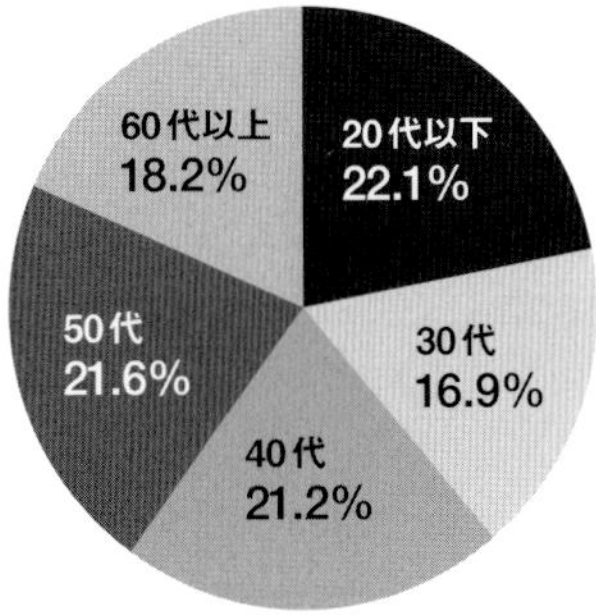

割合が多いのは20代以下や40代、50代ですが、60代以上の人も少なくありません。どの世代もまんべんなく活躍《かつやく》できる仕事だということがわかります。

厚生労働省「2023年労働力調査」(2024年)をもとに作成

男性の割合が高めですが、女性も多く活躍《かつやく》しています

「労働力調査」をもとに、働いている人の男女別の割合を見てみましょう。「売る仕事」全体では、男性がやや多いながらも、それほど大きな差はありません。しかし、営業職と販売職《はんばいしょく》に分けて見ると、営業職は約8割が男性です。ただし例外的に、保険業界の営業職は女性が多くをしめているという特徴《とくちょう》があります。戦後、生命保険会社が戦争で夫を亡《な》くした女性を数多く雇用《こよう》したことに始まり、その傾向《けいこう》が続いているためです。

年齢別《ねんれいべつ》の割合を見ると、20代以下から60代以上まで、どの世代も幅広《はばひろ》く活躍《かつやく》していることがわかります。営業や販売《はんばい》の仕事は、フットワークの軽い若い人に向いている面もありますが、お客さまに対する説得力が増すなど、年齢《ねんれい》や経験を重ねた人に有利な面もあります。お客さまとの関係を育みながら、長く続けられる仕事といえるでしょう。

「売る仕事」の業界ごとの特徴《とくちょう》は?

何を売るか、だれに売るかで仕事内容は異なります

「売る仕事」とひと口にいっても、売るものや売る相手によって、その仕事内容は大きくちがってきます。

例えば売るものは、大きくは「形のあるもの」と「形のないもの」に分けられます。「形のないもの」とは、保険や広告、教育サービスなど、実際に手にとることができない商品のこと。売るためにはくふうが必要です。

売る相手も、大きくは「個人」と会社や組織などの「法人」に分けられ、それぞれのニーズに合わせた売り方があります。

次のページからは、業界によって、「売る仕事」にどんなちがいがあるのか、それぞれの特徴《とくちょう》を見てみましょう。

「売る仕事」の分類

どんなものを売る?

形のあるもの

見たりふれたりできる商品。食品や日用品、衣料品から、自動車や家など大きなものまである。

形のないもの

実際に手にとることができない商品。保険、広告、教育や介護《かいご》のサービス、IT《アイティー》サービスなどがある。

どんな相手に売る?

個人

商品を使う個人のお客さま(消費者)や、個人が経営している店など。

法人

会社、国や地方の行政機関、病院や福祉《ふくし》施設《しせつ》を運営する団体など。

法人とは、法律上、人と同じように権利や義務が認められている団体のこと。法人として契約《けいやく》や取引を行うことができる。

自動車メーカー・販売《はんばい》会社

自動車業界には、おもに車を製造・販売《はんばい》する自動車メーカーと、メーカーが製造した車を販売《はんばい》する自動車販売《はんばい》会社があります。個人のお客さまに車を販売《はんばい》するのは、自動車販売《はんばい》会社の営業職です。一方、メーカーの営業職は、販売《はんばい》会社の営業をサポートしたり、法人に対する営業をしたりするのがおもな仕事です。

食品・日用品などのメーカー

食品や日用品（洗剤《せんざい》や歯ブラシなど生活に使うもの）をつくるメーカーの営業職は、自社製品を個人のお客さま（消費者）に買ってもらえるように、スーパーやコンビニ、ドラッグストアなどの小売店に対して営業活動を行います。売上アップのため、売り場のレイアウトのくふうや、店頭イベントを提案することもあります。

商社

物やサービスを売りたい会社と買いたい会社の仲立ちをする仕事をしているのが商社です。食品や医薬品から、機械、エネルギー資源まで、ありとあらゆるものをあつかっています。

商社の営業職は、買い手を探して商品を売りこんだり、売り手と価格交《こう》渉《しょう》をしたりして、取引を成立させます。海外との取引も多く、商品を運ぶ手配をするのも仕事です。

機械・装置、原料・部品などのメーカー

工場や建設現場で使う機械や装置のメーカーや、製品をつくるための原料や部品のメーカーの取引先は、多くの場合、法人です。営業職は、法人を相手に自社製品を売りこみます。取引先の要望に合わせて、製品を一からつくって販売《はんばい》することもあります。

原料や部品のメーカーの営業職は、自社製品がどんなものに活用できるか、顧《こ》客《きゃく》にアピールするのも重要な仕事です。

レジャー（旅行会社、ホテル）

旅行会社の営業職には、会社や学校などに対して旅行の企画や提案を行う職種や、旅行代理店の窓口で個人のお客さまに対応する職種があります。パッケージツアーを企画する営業企画《えいぎょうきかく》職《しょく》も、売る仕事の一種です。

ホテルの営業職は、会社や学校などに宿泊《しゅくはく》やパーティーのプランを提案したり、旅行会社にツアーの宿泊先《しゅくはくさき》として自社のホテルを売りこんだりします。

小売、外食

メーカーなどから商品を仕入れて個人のお客さまに販売《はんばい》するのが小売業で、スーパーやコンビニ、デパート、家電量販店《りょうはんてん》などがあります。外食業は、店舗《てんぽ》を構えてお客さまに食事を提供する会社です。

小売や外食の「売る仕事」には、店舗《てんぽ》で働く販売職《はんばいしょく》、販売職《はんばいしょく》を指導するスーパーバイザー、マーケティングを担当する営業企画《えいぎょうきかく》などの職種があります。

サービス

形のないものを売るのがサービス業です。商品を運ぶ物流サービス、学習《がくしゅう》塾《じゅく》などを運営する教育サービス、高齢《こうれい》者《しゃ》に必要なケアを提供する介護《かいご》サービスなどがあります。外食、レジャー、IT《アイティー》などの会社もサービス業の一種です。

商品を見たりふれたりすることができないため、営業職にはサービスの魅《み》力《りょく》を伝える力や説得力、相手の要望をくみとる力などがより求められます。

IT《アイティー》、通信

IT《アイティー》とは、コンピュータを使った情報技術のことです。IT《アイティー》業界の営業職は、取引先に対して、IT《アイティー》技術の活用方法を提案し、案件を受注します。例えば、社内システムの構築、アプリ開発、ホームページ制作などです。

電話やインターネット回線などをあつかう通信業界の「売る仕事」には、個人向けの販売職《はんばいしょく》、法人向けの営業職があります。

不動産、建設、住宅メーカー

不動産会社の営業職は、不動産（土地や建物）を個人や法人に販売《はんばい》します。建設会社の営業職は、土地の所有者にビルやマンションの建築を提案したり、道路や橋をつくるなどの公共事業の情報を集めたりして、仕事を受注します。住宅メーカーの営業職は、個人のお客さまに住宅を販売《はんばい》します。

建物や土地の規模はさまざまですが、あつかう金額の大きい仕事です。

金融《きんゆう》

銀行や証券会社、保険会社など、お金にかかわる商品（金融《きんゆう》商品）をあつかうのが金融業《きんゆうぎょう》です。会社によって商品の内容も営業職の仕事もちがいます。

例えば、銀行の営業職は、融資《ゆうし》やローン（どちらも銀行からお金を借りて少しずつ返済すること）、預金などの相談に乗ります。法人に対する営業と、個人に対する営業と、両方の仕事があります。

その他

エネルギー（電力・ガス）、交通（鉄道、バス）といった生活に欠かせないものをあつかう会社にも、法人や個人を対象とした営業の仕事があります。

＊　＊　＊

製薬会社や医療《いりょう》機器メーカーの営業職は、おもに医師に対して自社製品を売りこむ仕事で、医学的知識が求められます。製薬会社の営業職はMR《エムアール》（医薬情報担当者）と呼ばれます。

＊　＊　＊

衣料品や化粧品《けしょうひん》をあつかう会社では、自社の商品を小売店に売りこむ営業職のほか、お店で個人のお客さまに商品を売る販売職《はんばいしょく》も多く活躍《かつやく》しています。

マスコミ

マスコミとは、新聞、出版、テレビなどのメディアのことです。これらの会社で働く営業職は、自社が制作する新聞、雑誌、番組などに広告（コマーシャル）を出してくれる会社を探すのが重要な仕事です。メディアと広告を出す会社をとりもつ広告代理店という業種も、マスコミにふくまれます。

出版社の営業職には、自社の本や雑誌を書店に売りこむ仕事もあります。

会社員にもいろいろな働き方があるの？

会社との契約《けいやく》

正規雇用《こよう》

働く期間が決められていない雇用契約《こようけいやく》のことで、一般的《いっぱんてき》に「正社員」といわれる働き方です。

非正規雇用《こよう》

おもに期間を定めて働く雇用契約《こようけいやく》。契約《けいやく》社員、アルバイトやパート、派遣《はけん》社員がこれにあたります。

採用時の区分

総合職

将来、管理職や経営にかかわる役職に就《つ》く候補として採用され、幅広《はばひろ》い業務を担当します。部署の変更《へんこう》や転勤の可能性もあります。また、業績によって昇格《しょうかく》も早いです。

エリア総合職

総合職と同じように幅広《はばひろ》い業務を担当しますが、働く地域は限定されていて、基本的に遠い地域への転勤はありません。

一般職《いっぱんしょく》

総合職を補助する立場で業務にあたります。異動や転勤もほぼないので、1か所で同じ業務を長く担当することが多いです。

会社との契約《けいやく》や採用区分で働き方は変わります

営業職や販売職《はんばいしょく》などの職種が同じでも、その働き方はさまざまです。まず、勤め先の会社と結ぶ契約《けいやく》（雇用契約《こようけいやく》）には大きく2つの種類があります。いわゆる正社員として働く「正規雇用《こよう》」と、パートのように期間を定めて働く「非正規雇用《こよう》」です。

　また、業務内容によって、「総合職」「一般職《いっぱんしょく》」という区分を設けている会社も多くあります。総合職が責任のある立場で幅広《はばひろ》い業務を担当するのに対して、一般職《いっぱんしょく》は事務作業や総合職のサポートなど、仕事内容が限られます。働き方の区分は、採用時に決められることが多いですが、入社後、試験や面接などを受けて、変更《へんこう》できる会社もあります。

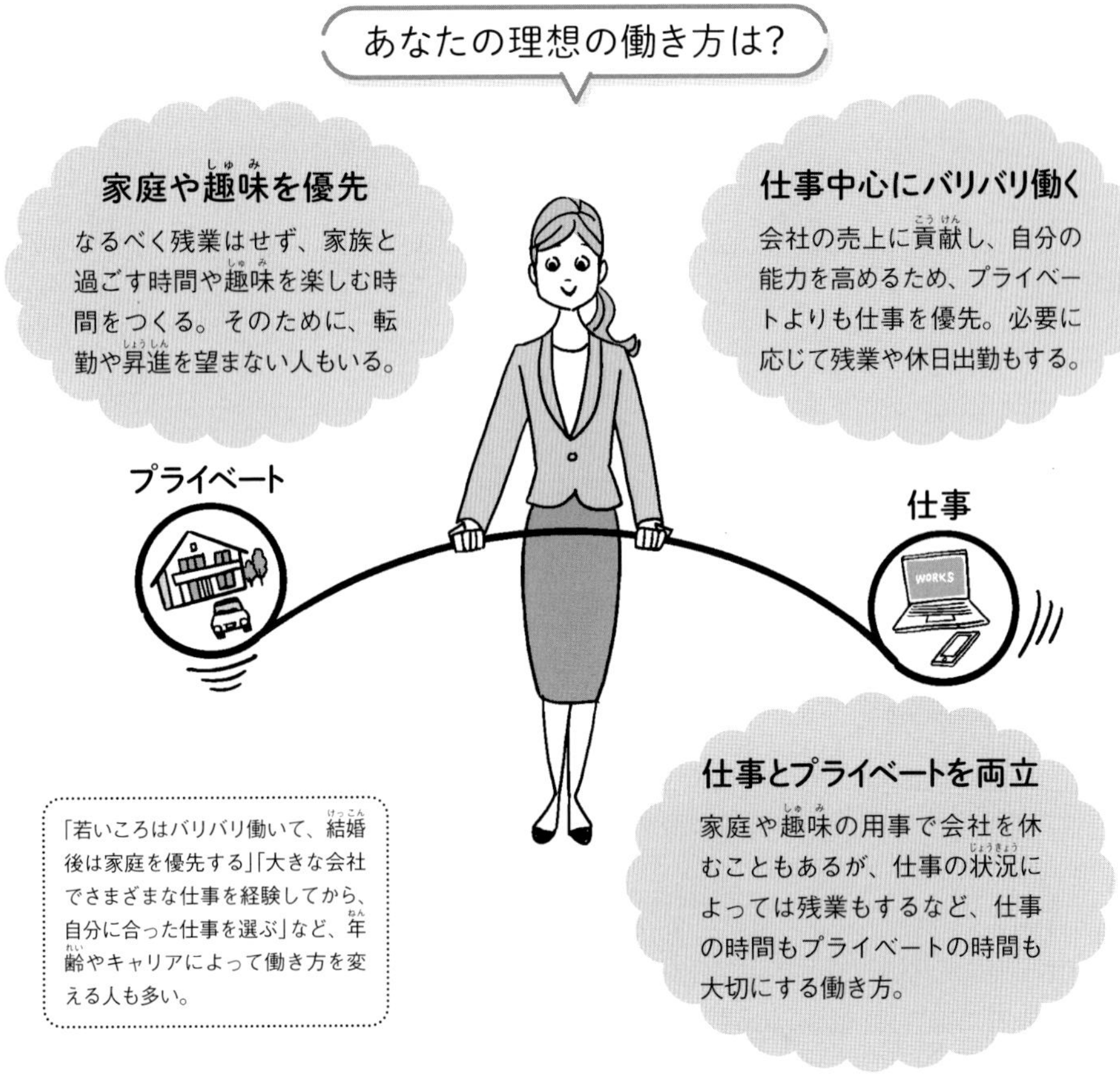

あなたの理想の働き方は?
家庭や趣味《しゅみ》を優先
なるべく残業はせず、家族と過ごす時間や趣味《しゅみ》を楽しむ時間をつくる。そのために、転勤や昇進《しょうしん》を望まない人もいる。
仕事中心にバリバリ働く
会社の売上に貢献《こうけん》し、自分の能力を高めるため、プライベートよりも仕事を優先。必要に応じて残業や休日出勤もする。
プライベート
仕事
WORKS
仕事とプライベートを両立
家庭や趣味《しゅみ》の用事で会社を休むこともあるが、仕事の状況《じょうきょう》によっては残業もするなど、仕事の時間もプライベートの時間も大切にする働き方。
「若いころはバリバリ働いて、結婚《けっこん》後は家庭を優先する」「大きな会社でさまざまな仕事を経験してから、自分に合った仕事を選ぶ」など、年齢《ねんれい》やキャリアによって働き方を変える人も多い。

仕事に重点を置くか、プライベートを大切にするか

自立して働くうえでは、「仕事と生活の調和（ワーク・ライフ・バランス）」を考えることも重要です。やりがいのある仕事をすると同時に、友人・家族との時間や趣味《しゅみ》の時間を楽しんだり、心身を休めたりすることも、健康で豊かな生活のためには大切だからです。

ただ、理想のワーク・ライフ・バランスは人によってちがいます。「仕事中心の生活をしたい」という人もいれば、「プライベートの時間を優先させたい」という人もいます。自分の理想とする働き方を考えたうえで、就職先や職種を選ぶとよいでしょう。

会社や業界によっては、どうしても残業が多くなったり、夜勤があって時間が不規則になったりする仕事もあります。就職情報サイトや会社説明会などで実際に働いている人の話を聞いて、自分に合った働き方ができそうな会社を探してみましょう。

「売る仕事」でキャリアアップするには？

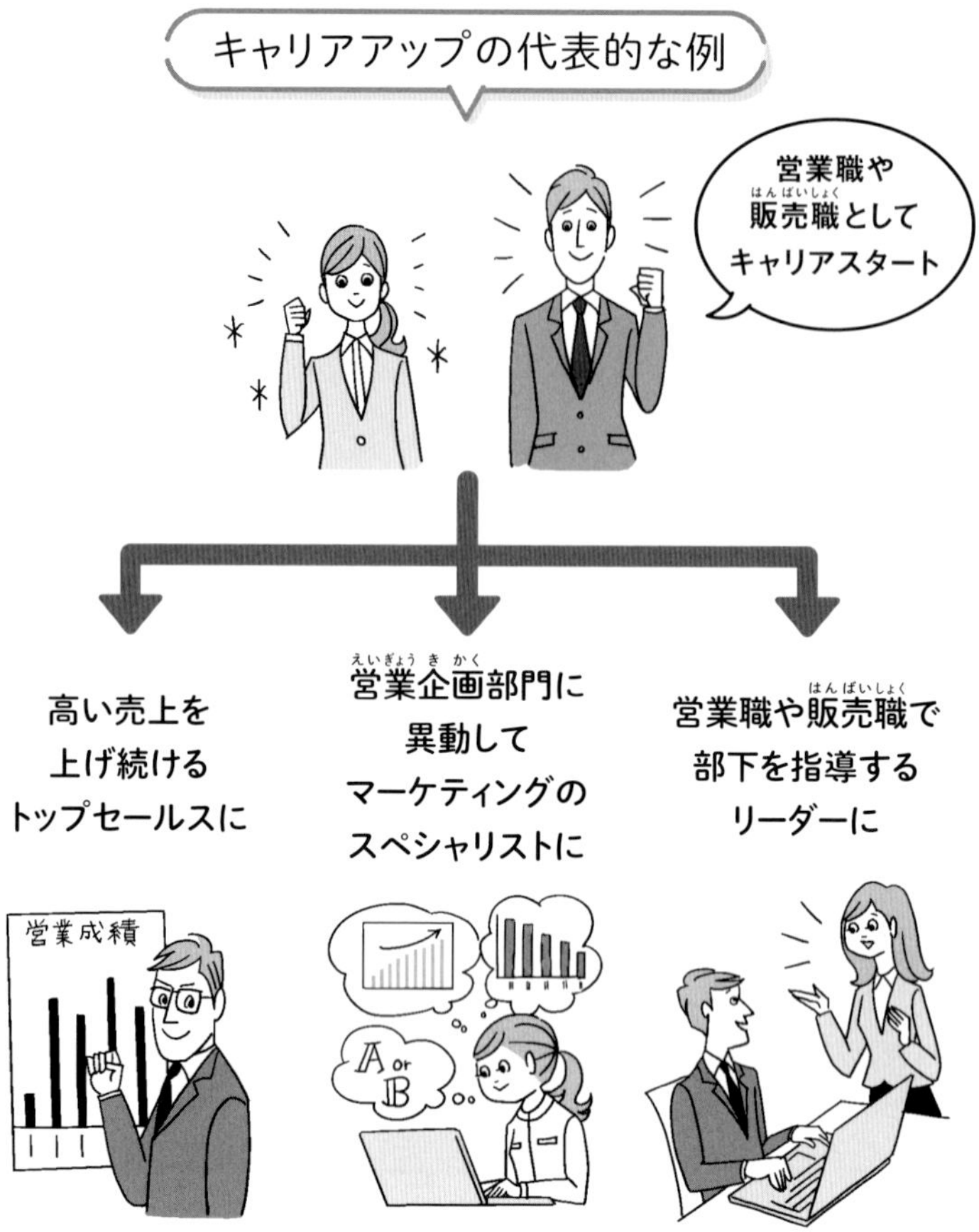
キャリアアップの代表的な例
営業職や販売職《はんばいしょく》としてキャリアスタート
高い売上を上げ続けるトップセールスに
営業《えいぎょう》企画《きかく》部門に異動してマーケティングのスペシャリストに
営業職や販売職《はんばいしょく》で部下を指導するリーダーに
営業成績

役職に就《つ》いたり異動したりと、さまざまなルートがあります

「売る仕事」に就《つ》いた人が、会社のなかで自分の能力や経歴を高めていくルートとして、代表的なものは3つあります。

一つは、営業職や販売職《はんばいしょく》での経験を生かして、部下を指導する役職に就《つ》くルートです。なかには、営業部門のトップである営業本部長にまでキャリアアップする人もいます。

営業《えいぎょう》企画《きかく》部門へ異動するというルートもあります。マーケティングのスキルをみがいて、上位職を目指すこともできます。

もちろん、営業職や販売職《はんばいしょく》として、その道のプロフェッショナルを目指すルートもあります。売上を上げ続けられれば、年齢《ねんれい》に関係なく活躍《かつやく》できます。

業界別の役立つ資格の例

金融《きんゆう》 → **ファイナンシャル・プランナー（FP《エフピー》）**

年金や保険、資産運用、税金制度、住宅ローン、相続など、金融《きんゆう》の幅広《はばひろ》い知識をもつ専門家。日本FP《エフピー》協会が認《にん》定《てい》する資格と、厚生労働省《こうせいろうどうしょう》が定める技能検定がある。

保険 → **保険募集人《ぼしゅうにん》資格**

保険会社の業界団体が認定《にんてい》する資格で、生命保険や損害保険などの保険商品を販売《はんばい》するのに必要。保険会社に入社後、研修や試験などを受けると取得できる。

不動産 → **宅地建物取引士**

土地や建物などの売買や賃貸契約《ちんたいけいやく》にかかわる業務や法律などの専門知識をもつ国家資格。公正な取引が行われるようチェックする役割がある。

IT《アイティー》 → **情報処理技術者試験**

経済産業省が認定《にんてい》する国家試験。IT《アイティー》に関する知識や技能が一定以上の水準であることを示すもので、レベルや専門とする分野によって13の試験区分がある。

「売る仕事」全般《ぜんぱん》に役立つのがパソコンスキルの資格と営業士

仕事の能力を高める方法の一つに、資格取得があります。「売る仕事」に就《つ》くすべての人に役立つのが、パソコンスキルに関する資格です。たとえば、Word《ワード》やExcel《エクセル》などのソフトを利用する能力を認定《にんてい》する世界共通の資格「マイクロソフト・オフィス・スペシャリスト（MOS《モス》）」や、商工会議所が主催《しゅさい》する「日商PC《ピーシー》検定」などがあります。

営業に必要なスキルやマーケティングの専門知識を学べる「営業士」という資格もあります。民間の資格ですが、営業職にかかわる唯一《ゆいいつ》の資格です。

業界によっては、専門性の高い資格が重宝されることもあります。例えば、金融《きんゆう》業界ならファイナンシャル・プランナー（FP《エフピー》）、不動産業界なら宅地建物取引士などです。また、保険会社の営業職として働く場合は、保険募集人《ぼしゅうにん》資格という資格が必要です。

収入はどのくらい？ 就職はしやすいの？

年収を比べてみると…

厚生労働省《こうせいろうどうしょう》「賃金構造基本統計調査」による年収の目安

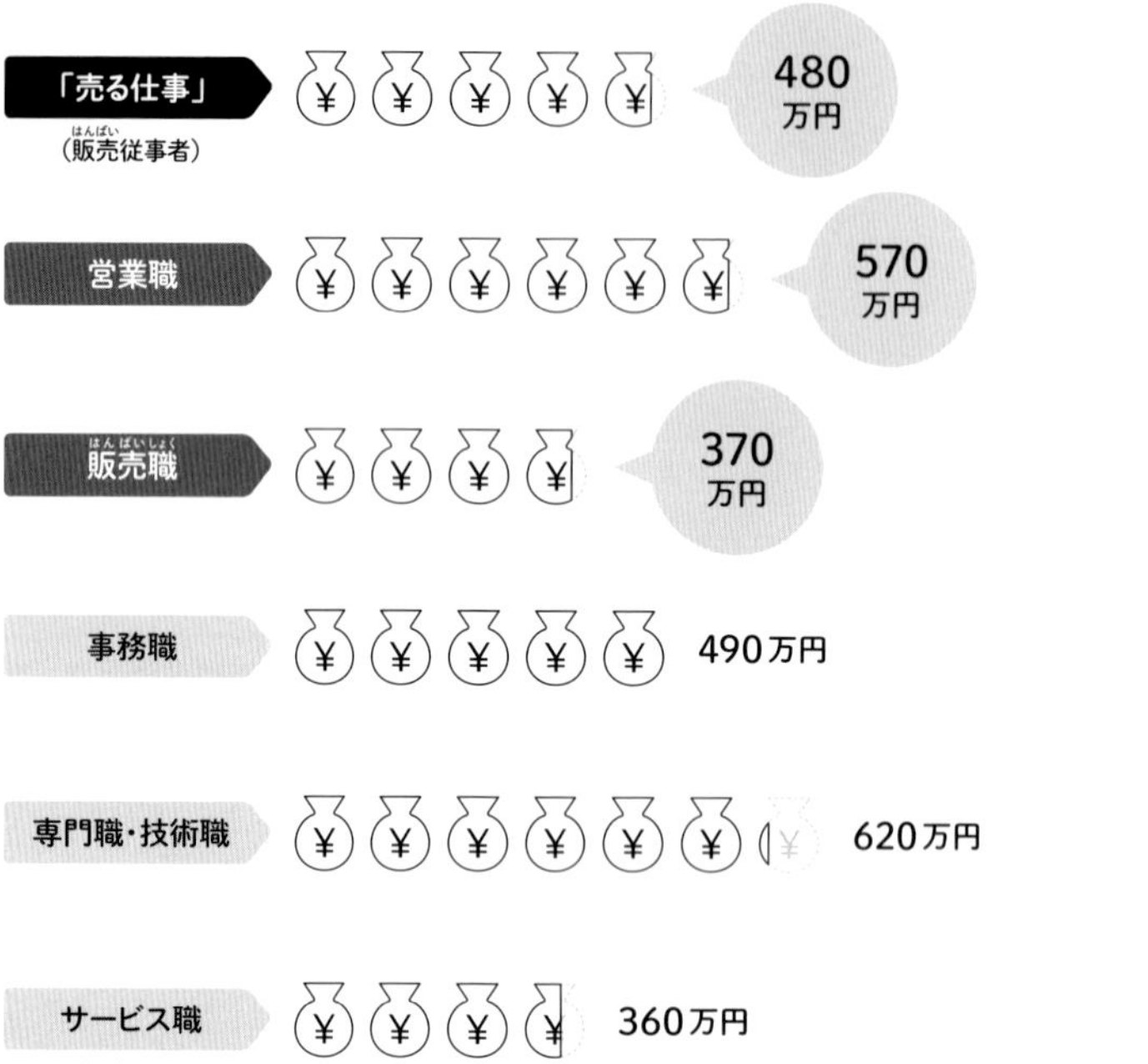

「売る仕事」
（販売《はんばい》従事者）
480万円
営業職
570万円
販売職《はんばいしょく》
370万円
事務職
490万円
専門職・技術職
620万円
サービス職
360万円

※家事、介護《かいご》、調理、接客、娯楽《ごらく》などのサービスの仕事

厚生労働省「令和5年賃金構造基本統計調査」（2024年）をもとに作成

「売る仕事」全体では、日本人の平均年収と同程度

会社員の収入は、勤務先の業種や規模、仕事内容、役職などによって、大きな幅《はば》があります。「売る仕事」についても同じです。

一つの目安として、厚生労働省《こうせいろうどうしょう》の「賃金構造基本統計調査」をもとに計算すると、「売る仕事」にあたる「販売《はんばい》従事者」の平均年収は約４８０万円。日本人の平均年収４５８万円とほぼ同程度といえるでしょう。営業職と販売職《はんばいしょく》に分けて見ると、営業職のほうが収入は多いことがわかります。

どんな職業でもそうですが、一般的《いっぱんてき》に経験を重ねると収入はアップしていきます。そのため、年齢《ねんれい》が高いほど収入も多いという傾向《けいこう》があります。

就職のしやすさを比べてみると…

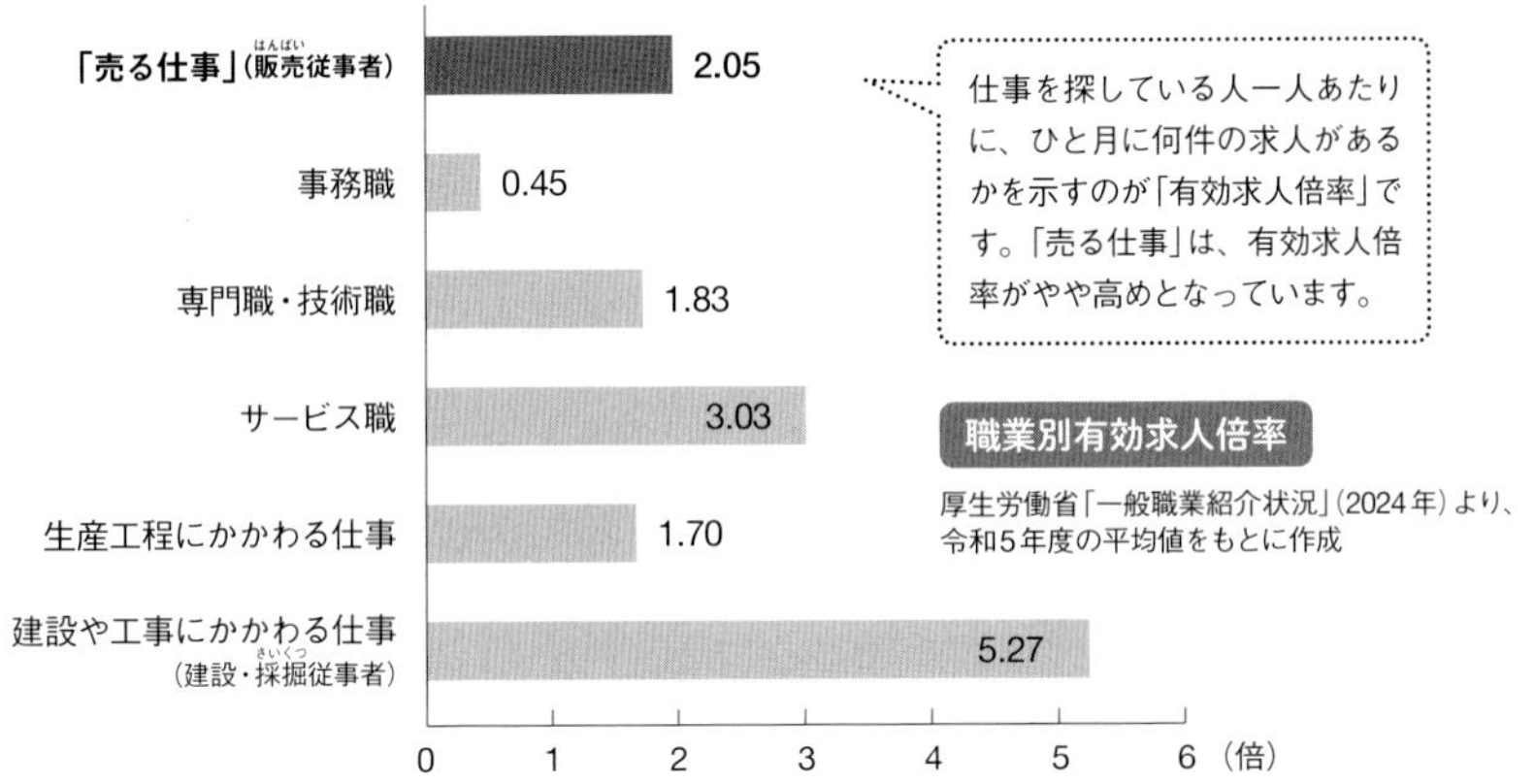

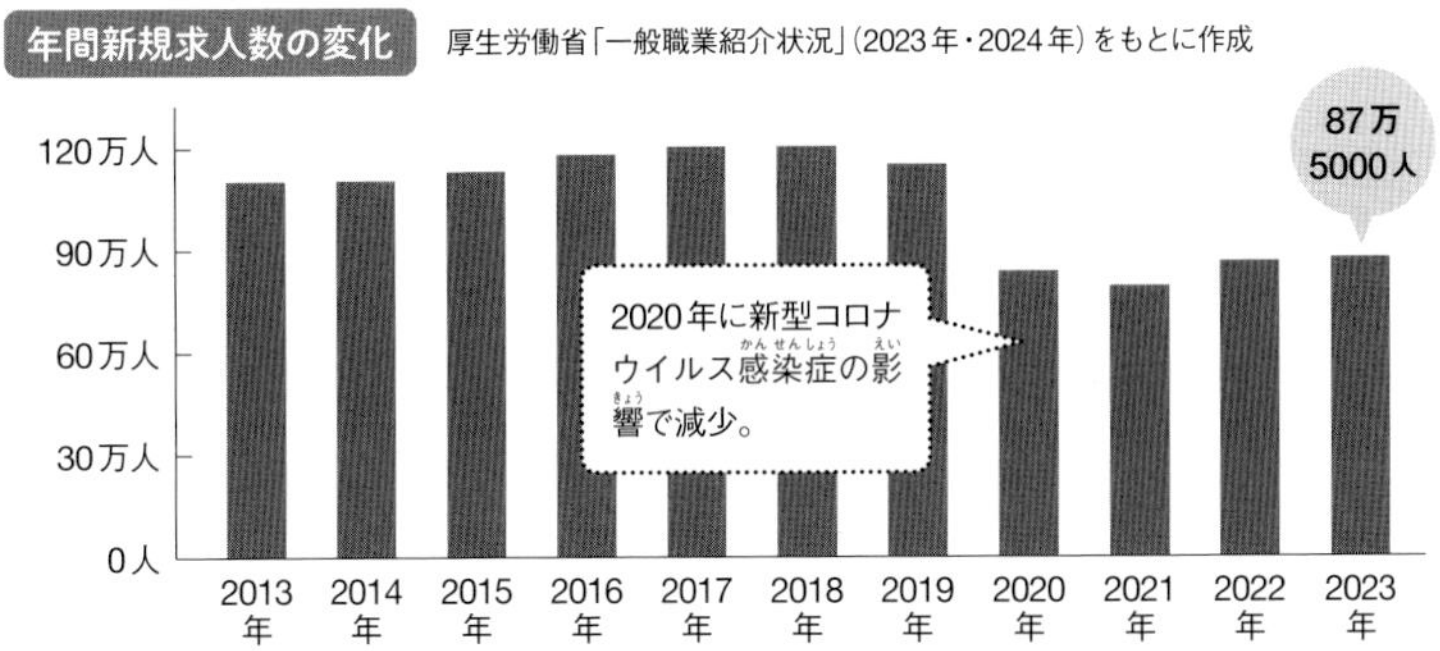

がんばり次第で収入アップも。求人は安定的にあります

「売る仕事」では、仕事の成果である売上や契約数《けいやくすう》が、収入に直接反映される場合があるのが特徴《とくちょう》です。業界によっては、インセンティブといって、営業目標を達成したときに基本の給料に加えて報酬《ほうしゅう》が支払《しはら》われることもあり、がんばり次第で収入アップが見こめます。

「売る仕事」は、どんな業種の会社にとっても、なくてはならない職種です。そのため、求人は常に安定的にあります。新入社員の募集《ぼしゅう》で最も多い職種が、営業職などの「売る仕事」です。まだ経験のない新入社員も、仕事を通してビジネスの基礎《きそ》や商品の知識を学び、成長できます。また、「売る仕事」は、人材の入れかわりがひんぱんで、人手が不足しがちであるため、転職もしやすい職種です。経験者は、多くの会社から即戦力《そくせんりょく》として求められます。

？ 「売る仕事」は、これからどうなっていく？

機械やAI《エーアイ》が代わりにできることって…？

得意
- ルールに従って正確にすばやく情報を処理できる
- つかれないので長時間働き続けられる

苦手
- ゼロから新しいものを生み出す
- 自由に想像して考える
- 共感するなど、相手の気持ちに寄りそう

機械やAI《エーアイ》にできること
- 数字やデータの入力
- ルールにもとづく計算や分類
- 単純な機械の操作
- 機械の動作などの監視《かんし》

人間でないと難しいこと
- 問題解決の方法を提案
- 新たな価値の創造
- お客さまとのこみ入った相談
- 予期せぬトラブルへの対応

技術革新の影響《えいきょう》はありますが、仕事自体はなくなりません

デジタル化やＡＩ《エーアイ》技術の活用が進むなかで、将来的にはなくなる職業もあるといわれています。「売る仕事」はどうでしょうか。

例えば、ネットショッピングが今以上に増えれば、実際のお店が少なくなり、販売職《はんばいしょく》で働く人は減っていくかもしれません。また、インターネットで容易に情報を得られる時代、表面的な情報しか提供できない営業職は、必要とされなくなっていくでしょう。

とはいえ、お客さまと信頼《しんらい》関係をつくり、ニーズをほり起こして的確に応えるという「売る仕事」の本質的な部分を、機械だけがになうことは難しいのも事実です。営業や販《はん》売《ばい》という仕事がなくなることはありません。

新しい技術による変化

業務の自動化や機械化が
ますます進む

web《ウェブ》会議システムなどの利用で
「インサイドセールス」が増加

高度なデータ分析《ぶんせき》により、
情報量が増加
↓
個々のニーズが
よりくわしくわかる

働き方や業務の内容に変化が生まれつつあります

テクノロジーの発達にともなって、あらゆる職種において、働き方に変化が生じてきています。自動化や機械化による業務の効率化は、これからも進んでいくでしょう。小売店のレジの自動化もその一つの例です。営業の仕事では、web《ウェブ》会議システムなどを使って遠隔《えんかく》で営業活動を行う「インサイドセールス」も増えています。

また、デジタル技術を使って膨大《ぼうだい》なデータを分析《ぶんせき》することで、得られる情報量が爆発的《ばくはつてき》に増えています。「売る仕事」に関しては、顧《こ》客《きゃく》情報や売上データから、どんなお客さまがどんな商品を求めているのか、個々に合わせた細かいニーズを知ることが可能になってきました。これにより、お客さまに対して、より的確な提案ができます。

営業職や販売職《はんばいしょく》にも、新しい技術を積極的に活用する柔軟《じゅうなん》さが求められるでしょう。

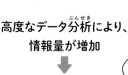

「売る仕事」の職場体験って、できる？

小売店での職場体験（例）

釣《つり》具《ぐ》店《てん》での職場体験のようす。商品を売場に並べる「品出し」は、お客さまが商品を探しやすいように、また、商品がよく売れるように、くふうして並べます。

ほかの商品と
混ざらないように
気をつけてね

値札をつける
場所は、ここで
いいかな？

値札つけでは、商品一つひとつにまちがいのないように値札をつけていきます。

写真提供：株式会社ワールドスポーツ（キャスティング朝霞店）

どんな会社にも、「売る仕事」があります

営業や販売《はんばい》といった「売る仕事」はどこの会社にもある仕事。職場体験の行き先が会社であれば、そこには「売る仕事」をしている人がいるはずです。学校の先生を通して、営業や販売《はんばい》の仕事に興味があるということを伝えておけば、話を聞く機会を設けてもらえる可能性は高いでしょう。

例えば、スーパーやコンビニ、地域の小売店では、販売《はんばい》の仕事を体験することができます。店頭や店内のそうじ、売り場への品出し、POP《ポップ》づくりや値札つけなどです。自動車販売《はんばい》会社や住宅関連の会社などで、営業の仕事の一部を体験させてもらえることもあるようです。

職場体験の心がまえ

ありがとう
ございます!
おはよう
ございます!

身だしなみを整え、態度や話し方はていねいに

学校や受け入れ先から指定された服装で、だらしなく見えないように身だしなみを整えます。態度や話し方も、いつもよりていねいさを心がけましょう。

大きな声でしっかりとあいさつしよう!

あいさつはマナーの基本。朝や帰りのあいさつ、お礼など、相手に聞こえるように大きな声でしっかりと伝えましょう。返事も「はい!」と元気よく。

わからないことや知りたいことは積極的に質問

受け入れ先のみなさんは、いそがしいなか、職場体験のために時間をとってくれています。せっかくのチャンスなので、積極的に質問して、多くのことを学んでください。

職場体験そのものが将来の仕事に役立つ経験

「売る仕事」は、直接お客さまと接する仕事ですが、職場体験では、それ以外の仕事を体験させてもらうことが多くなります。なぜなら、小中学生ではまだ、仕事に必要なビジネスマナーが身についていないためです。会社によっては、職場体験のなかで、名刺《めいし》交換《こうかん》の仕方など、ビジネスマナーの基本を教えてくれることもあります。

将来仕事をするうえで、職場体験そのものが貴重な経験です。大きな声でしっかりあいさつをする、身だしなみを整える、ていねいな態度や話し方を心がけるなど、基本的なことをしっかり実践《じっせん》しましょう。

職場体験以外でも、家族や親戚《しんせき》など、身近に「売る仕事」にたずさわっている人がいれば、話を聞いてみるとよいでしょう。また、地域のお店で働く人に注目してみると、何か気づくことがあるかもしれません。

索引

あ

か

さ

な

は

た

●取材協力（掲載順・敬称略）
三井ホーム株式会社
株式会社湖池屋
TDK株式会社
株式会社キデイランド
富士ソフト株式会社
株式会社JTB
日産自動車販売株式会社
株式会社SCREENホールディングス
株式会社ワールドスポーツ

●アンケート調査協力
学校法人 明星学苑　明星中学校

監修／西山《にしやま》 昭彦《あきひこ》

立命館大学客員教授、明星大学特別顧問・客員教授。博士(経営学)。一橋大学社会学部卒業後、東京ガス株式会社入社。ロンドン大学大学院留学、ハーバード大学大学院修士課程修了。法政大学大学院博士後期課程修了。法政大学客員教授、東京ガス都市生活研究所長、一橋大学特任教授、三菱商事株式会社社外取締役、立命館大学教授を経て2023年4月より現職。ビジネスパーソンの生涯キャリア研究をメインテーマとし、著書は63冊におよぶ。

編著／WILL《ウィル》こども知育研究所《ちいくけんきゅうじょ》

子ども向けの知育教材・書籍の企画・開発・編集を行う。2002年よりアフガニスタン難民の教育支援活動に参加、2011年3月11日の東日本大震災後は、被災保育所の支援活動を継続的に行っている。主な編著に『医療・福祉の仕事 見る知るシリーズ』、『暮らしを支える仕事 見る知るシリーズ』、『?(ギモン)を!(かいけつ) くすりの教室』全3巻、『からだのキセキ・のびのび探求シリーズ』全3巻、『はじめて学ぶ精神疾患』全4巻（いずれも保育社）など。

会社員《かいしゃいん》の仕事《しごと》 見《み》る知《し》るシリーズ

売《う》る仕事《しごと》の一日《いちにち》―営業《えいぎょう》・営業企画《えいぎょうきかく》・販売《はんばい》

2024年9月20日発行　第1版第1刷©

監　修　西山《にしやま》 昭彦《あきひこ》
編　著　WILL《ウィル》こども知育研究所《ちいくけんきゅうじょ》
発行者　長谷川 翔
発行所　株式会社保育社
〒532-0003
大阪市淀川区宮原3－4－30
ニッセイ新大阪ビル16F
TEL 06-6398-5151
FAX 06-6398-5157
https://www.hoikusha.co.jp/
企画制作　株式会社メディカ出版
TEL 06-6398-5048（編集）
https://www.medica.co.jp/
編集担当　中島亜衣／二畠令子
編集協力　株式会社ウィル
執筆協力　小川由希子／清水理絵
装　幀　大薮胤美／岩瀬恭子（フレーズ）
写　真　田辺エリ
イラスト　青山京子（本文）
スリーペンズ 川上ちまき（カバー）
印刷・製本　株式会社精興社

ISBN978-4-586-08687-0　　Printed and bound in Japan

乱丁・落丁がありましたら、お取り替えいたします。